U0053951

元華文創
元華博知館 EC003

禪的智慧與生活

——話說《六祖壇經》

胡順萍——

著

自 序

　　佛學傳入中土之後，因於當是時的各種人事境緣，除各宗派紛然成立之外，於義理方面更有其深廣高度的發展。此中，禪宗由達摩開展之，而歷經至六祖惠能大師，更因於強調不拘於文字語言、生活即是道的宗風，可謂將佛學推展至另一高峰，禪宗亦一枝獨秀於天下。

　　禪宗以「教外別傳，不立文字，直指人心，見性成佛」為其宗風，或也因此，有關禪門的思想與生活點滴，則多以語錄或公案方式留予後世，於中，除可展現師與徒之間的生活互動，然更多的是足堪後人參悟玩味無窮的對話，此是禪宗的風格，亦顯修道的活潑與自在。

　　在禪宗的發展史上，六祖惠能大師有其關鍵的地位，其一生的行誼，除以不識文字示現於世，更在五祖座下八個月餘，即被付囑傳承祖位，之後，在歷經十五年的修行期間，才得以弘傳大法。且觀六祖的論說法義，不拘泥於經典文字，可謂是直解如來心地，其之所以能有如是的不凡，或正與其一生的經歷有關係。

　　《六祖壇經》是六祖與弟子門人之間的相關記錄，此是中土祖師論說法義，唯一被稱為「經」的佛教典籍，亦足見後人對六祖惠能大師的推崇。本書的著作方向，即以《六祖壇經》為依據，特將禪門的生活智慧、修行風格與論說心地法義等，儘量以近於現實生活為論述中心，若能將禪的心行於文字間有所流露，是則為所盼。

胡順萍

目 次

〈行由品〉禪宗六祖惠能大師一生的行誼由來

依於真心生活的自在與幸福

> 「時大師至寶林。韶州韋刺史與官僚入山，請師出。於城中大
> 梵寺講堂，為眾開緣說法。師升次座次。刺史官僚三十餘人，
> 儒宗、學士三十餘人，僧、尼、道、俗一千餘人，同時作禮，
> 願聞法要。大師告眾曰：善知識！菩提自性，本來清淨，但用
> 此心，直了成佛。」

佛法以因緣為重，當惠能大師來到寶林寺，即意謂著教化此地的因緣已然成熟，於是在韶州（今廣東省曲江縣）刺史韋璩與隨從官僚的邀請之下，惠能大師到韶州城中大梵寺講堂，為大眾講說佛法。

這一場法會的緣起，表面上看似有刺史、官僚、儒者、僧尼、道俗等千餘大眾，實然更有看不到的人天護法神，此可總曰就是「風雲聚會」。凡所有參與者，皆是助道者、影響眾，若能聚精會神的專心聽講，於己可增長慧命，於人天可成為風範，如是的行迹亦將與諸佛菩薩感應道交，誠謂因緣殊勝難得。

當一切人、事、時、地、物皆已然匯聚時，惠能大師登上法座，向

眾人宣講禪宗的根本法義。禪宗自達摩大師傳法至中土，於二祖惠可、三祖僧璨、四祖道信、五祖弘忍，法脈代代相傳。即或各祖師之間，因於人、事、時、地因緣的不同，其所講說的語言生態雖有應時之不同，唯根本法義終將是一致的。

有云：「達摩西來一字無，全憑心意用工夫」，此乃說明禪宗是以論心為主，亦可言：解決問題的關鍵在「心」，心若能轉得，則煩難問題才有新的契機出現。以論心為要，於日常生活中保持心境的清淨、平等、正覺，故言：「行住坐臥皆是道」、「平常心即是道」，此可謂是禪宗自達摩以來所建立的宗風。

惠能大師傳承禪宗祖師的心印法義，登座向大眾宣講道：「善知識！人人所具有的菩提自性，本來是清淨的，只要用心去領會這一點，就可以直接成佛。」此偈不僅僅是代表《六祖壇經》的開法總偈，亦是歷來被視為是禪宗的根本大法所在。此偈的要點有：

一、首先肯定人人先天本具有的覺性，此靈明本性，就是一切眾生在父母未生前的本來面目，此覺明本性本是遍一切處且超越時空間，故其本是無來無去、不生不滅，是一切生靈萬類的原本共同之性。

二、此靈明本性本是清淨的，唯當無明一念起時，依於意識心之故而產生的我執、我見、我貪、我慢等，然此皆非我先天的本來面目，若能遠離身（殺、盜、淫）、口（惡口、兩舌、綺語、妄言）、意（貪、瞋、癡）三惡業的過失，即可恢復清明的本性。

三、眾生的真心本性與諸佛是平等無二的，於常日間若能以此真心以待一切的人、事、物，則其所過的生活就是諸佛菩薩的生活，實然並非有另一外在之佛可求得。

身有差別相不礙佛性同體是一

「惠能安置母畢，即便辭違。不經三十餘日，便至黃梅，禮拜
五祖。祖問曰：汝何方人？欲求何物？惠能對曰：弟子嶺南新
州百姓，遠來禮師，惟求作佛，不求餘物。祖言：汝是嶺南人，
又是獦獠，若為堪作佛。惠能曰：人雖有南北，佛性本無南北。
獦獠身與和尚不同，佛性有何差別。」

為人處世的態度與方式，大抵與自身的見地有著密切關係，依於不
同的思想觀念，對於人、事、物的觀照與割捨自有其不同流俗之處。若
以世俗眼光觀之，所謂孝順，理應侍奉於前、承歡膝下，然惠能大師卻
因於聽聞有人誦讀《金剛經》，在夙昔有緣且心有所悟之下，當安置好母
親衣食之後，即割愛辭親，踏上其人生另一不凡的行程。

佛門對於盡孝之行，強調由小孝以能臻至大孝，才能真實圓滿孝道。
對於父母有形的照顧與關愛，大多僅止於短暫的一世，唯有得令父母亦
能真實了脫煩惱輪迴，才可謂是孝道的究竟完成。此即如蓮池大師〈七
筆勾〉所言：「恩重丘山，五鼎三牲未足酬，親得離塵垢，子道方成就。」
若僅止於物質豐厚的孝養，實然不足以報答父母的深恩大德。觀照至此，
則更能領悟惠能大師決心禮拜弘忍大師的因由。

當惠能大師歷經辛苦的時日，來到蘄州黃梅縣東禪寺（今湖北黃梅
縣西北），與住持弘忍大師會面，這是師徒第一次的相見歡。由兩人的對
話中，值得深思之處有：

一、當弘忍大師問惠能大師：「你是什麼地方人？來這裡想要求什
麼？」惠能大師毫不猶豫的回答：「遠道前來拜師，只求作佛，不要別的。」

依於凡夫的知見，成佛是遙不可及之事，或有以為此乃是妄想，根本是難以契求又不切實際之事。為人理應努力認真於養家餬口的現實，而這也是大多數人自以為是的正確方向。當省思惠能大師如是地肯認所求成佛的目標時，實然更令人敬佩其不凡的見地與氣度。

二、當弘忍大師提出質疑時：「你是嶺南人，又是獦獠（野蠻人），怎麼能夠作佛？」如是的問話，或有人曾提出疑問：五祖大師是一位有道有德的高僧，為何會提出如是恍若藐視他人的言論呢？實然是：歷來的修道者，最終必須要面對自己貪、瞋、癡、慢、疑等煩惱考驗，若只因於一小段問話，即面紅耳赤，或爭論辯駁，乃至轉身掉頭離去，此亦代表尚不及可堪造就之才，或許對於施教者而言，想走就放他走吧！思及至此，對於惠能大師的定力與智慧實然只有讚嘆而已矣！

三、如惠能大師所言：「人雖有南北，佛性無南北。」此乃說明身相的差別，是依於因緣果報的不同所致，惟一切差別相皆源於共同的佛性則為一，換言之；為人應將時間致力於追求真實永恆之事上，而不在相的生滅上有所煩惱與計較。

越縮小自己才越能與虛空同體

「祖一日喚諸門人總來。吾向汝說：世人生死事大，汝等終日只求福田，不求出離生死苦海。自性若迷，福何可救？汝等各去自看智慧，取自本心般若之性，各作一偈，來呈吾看。若悟大意，付汝衣法，為第六代祖。火急速去，不得遲滯。思量即不中用。見性之人，言下須見。」

於家族或企業界，當事業規模達至一定程度時，如何培養與選拔接班人，可謂是一重要之事。即或是任何的百工技藝，如何將一生所學的精華傳承予後人，使其不令斷絕，實然皆是有心者的一生大事。

然於佛聖之學的傳承上，除觀其品德與學習歷程外，對於其是否具有證悟，更是考量的重點。於此而言，所謂佛聖之學的接班人，是無法僅依靠培養而得出現的，要言之，此非關僅是修學的年資而已，實然是：若眾生有福，如是之人自會出現，誠可謂是可遇而不可求。

對於弘忍大師而言，如何在眾多弟子中尋得適當的人選，實是此生的一件大事。當五祖把所有門人叫喚在一起時，其對大眾的一段言說，其要點有：

一、對於人生而言，有生必有死，此是人生的必然。然生從何處來？死又往何處去？此才是人生的根本大事。否則，生而復死，死已還生；迷迷糊糊來，又茫茫渺渺去，一世又一世，永遠在生死之中輪迴不已，此應是人生所最該考量之事。

二、對於一般修學者而言，廣修福田是依於佛之教誨而行，尤其先由財施、法施、無畏施入手，並再以持戒、忍辱為力行功課，此無疑於修學之道上，確然可減少甚多的阻礙。然祈求福田，其所感得的果報，僅是有漏的人天福報，當福盡之時，則輪迴之苦又當再起。弘忍大師的「自性若迷，福何可救？」正是要弟子們徹悟：唯有依自性而行持於一切生活上，才能真實了脫生死的苦惱。所謂了脫生死的苦惱，其重點不在相上，而是在能「取自本心般若之性」，此本心乃一切萬物萬類之真性，若能在日常應對上，確然體證相的暫時幻有，自然於順逆境遇皆能安然處之，故於生死亦自能無畏無懼，此是確然真解脫者。

三、弘忍大師要學人各呈一偈，並依偈意而確認未來的六祖之位，並特交代學人勿須思量，以此說明：所謂真見性者，是於任何境界皆然

如是。至此，當學人能自我檢驗時，則終將發現，在日常生活上，實然是無法以真心本性生活的，只因我們已習慣太久了，對於他人的一句話或一動作，我們的意識心馬上興起，即起貪愛或瞋恨，並在此中而煩惱不已，此即是凡夫。若真能體悟至此，顯然，即使雖尚無法成為見性之人，但若能時刻接受佛智的教誨，此或稍可保持一點些微的無憂自在，換言之；當越能縮小自己，才越能與宇宙虛空同在。

身口意的勤拂拭與保持

> 「神秀思惟：諸人不呈偈者，為我與他為教授師。我須作偈將呈和尚，若不呈偈，和尚如何知我心中見解深淺。我呈偈意，求法即善；覓祖即惡，卻同凡心，奪其聖位奚別。若不呈偈，終不得法。神秀呈心所見，偈曰：身是菩提樹，心如明鏡臺，時時勤拂拭，勿使惹塵埃。」

當弘忍大師吩咐弟子們各呈一偈，以見心中的悟得，並依此以傳祖位時，此於法門的傳承上，顯然是一件大事。然在眾多的弟子們心目中，顯然早已有既定的人選。這位人選，大抵多是祖師身旁重要的協助傳法者，此是一種因於長時間相處所自然形成的態勢。

神秀因追隨弘忍大師多年，且是擔任大眾的教授師，其所具有的威望與重要性，自然不可言喻。神秀亦深知肚明，其獲有眾多門人的信任，然此亦說明其有無法推卻的重責大任。在此當下，神秀的呈偈，是不得不之事，也是當其時的一種必然。

對於神秀而言，其呈偈可謂是一多有猶豫曲折的過程。其考量的有：

本身所具有的教授師責任，是必須作偈的。若不呈偈，五祖又如何得知自己見解的深淺呢！當在考量作與不作偈時，其最終綜合的結論是：呈偈是為求佛法，不是為覓求祖位。在如是的衡量下，顯然，作偈是決然必須的。

當神秀的偈已然完成時，其數度都想呈送五祖，然當走到五祖所住的堂前，卻又總是精神恍惚、遍體流汗，不敢將偈送上。如是前後經過四天，共十三次，仍無法將偈呈上，而神秀的擔憂與猶豫，於此亦可謂是顯露無遺。

於是神秀又想：不如將偈寫在走廊的牆上，讓五祖看見，若能得到稱讚，就出來禮拜，說偈是我神秀所作的；如果五祖說不行，那也只能怪自己枉來山中多年，空受眾人禮拜，還修什麼道？當在歷經如是多所思慮、徘徊的過程中，神秀終於將偈呈上。

神秀偈的內容與修持方向：在使學人必須先從自我的身、口、意入手，於身謹守律儀，不犯殺、盜、淫；於口不譏他過，不犯惡口、兩舌、綺語、妄言；於意保持清淨無染，不犯貪、瞋、癡等。時時檢點自己，護持自己，如是自修自度，以達「身是菩提樹，心如明鏡臺」的境地。

於修學的道路上，通常初入門者，較多具有一顆勇猛精進心，對於自度度他以達智德圓滿，多抱有捨我其誰之心，若能如此持續不退轉，實然可謂是成佛有餘。然隨著時日一久，且在觀照自身與周遭他人時，又即容易產生：想改變自己的習氣似乎已很困難，更遑論是影響他人了。如是的心態一旦萌生，於是，日子就忽攸忽攸地度過，當心志懈怠時，如何才能重新再提振呢？而神秀的「時時勤拂拭，勿使惹塵埃」，無疑就是一劑良好的警醒藥方。

心定就是最大的利益

「祖已知神秀入門未得，不見自性。天明，祖喚盧供奉來，向南廊壁間繪畫圖相。忽見其偈，報言：供奉卻不用畫，勞爾遠來。經云：『凡所有相，皆是虛妄』，但留此偈，與人誦持。依此偈修，免墮惡道。依此偈修，有大利益。令門人炷香禮敬，盡誦此偈，即得見性。門人誦偈，皆歎善哉！」

當神秀自書其偈於牆上之後，回到房中仍感到坐立不安，直到五更。在此當下，五祖也早已觀察得出：神秀尚未入門。於天亮之時，本來是延請盧珍供奉在南廊壁間繪畫「楞伽經變相」與「五祖傳法世系圖」，忽然看見牆上的偈，就對盧供奉說：「供奉！不用畫了。勞您遠道而來。」並引用《金剛經》中的名句：「凡所有相，皆是虛妄。」以表達與其繪畫圖相，不如留偈令門人誦習而得利益。

佛法傳入中原時，最先接觸就是般若系統的經典，其中《金剛經》更是深入民間的一部代表著作。般若就是妙智慧，也就是能觀空的智慧。能理解空義，不但是般若經典的重要法義，也是佛門的根本義涵。

依佛法的義理，其首要之旨，就是要學人觀察所有存在的一切現相。凡眼前所能見到的一切人、事、物等，乃至一般人眼尚無法見到的，但科學已證明存在的一切事物，以上如是的種種，皆可總曰就是「相」。若再細心的觀察，一切相的產生，皆是因於各種條件組合而成，也將在時、空間的遷流變化中而生滅不已，可以說：所謂相的虛妄，是指其變化太快速、不真實而言，並非否定一切相的曾經存在過。

五祖取消繪畫圖相，而留下神秀的偈，其用意在：「但留此偈，與

人誦持。依此偈修，免墮惡道。依此偈修，有大利益。」神秀的偈，是凡所有修學者的必要功課，常日間若能誦讀、憶念不忘，且能依之修持，自能遠離過犯，避免墮於惡道之苦；若能依此偈修，更能享有人天福報。此偈所帶來的修持方向，總言就是：「諸惡莫作，眾善奉行」的宗旨，此是佛門的根本修持，也是五祖要諸門人依此偈修的真實之語。

五祖已知神秀之偈「入門未得，不見自性」，卻又命弟子們焚香，向偈禮拜。並言：「誦念這偈，就可見得自己本性。」此無疑只是五祖的權辭而已。想來：對於當時的一般門人而言，神秀是未來祖位的最可能也是最佳人選，而五祖的吩咐，一方面可安撫所有的門人，另一方面對於多數人而言，好好依道修持，腳踏實地一步一階，才能獲得於身口意上的利益，此確然如此。當門人誦偈，皆歎善哉的時候，顯然，已將為覓求祖位之事，至此，可謂是暫告一個段落了。所有門人在依照五祖的指示之下，禮拜、誦念、修持神秀的偈，如是對所有的修學門人而言，安定就是最大的利益。

萬境萬相皆源於本心本性

「時有江州別駕，姓張名日用言：汝但誦偈，吾為汝書，汝若得法，先須度吾，勿忘此言。惠能偈曰：菩提本無樹，明鏡亦非臺，本來無一物，何處惹塵埃。書此偈已，徒眾總驚，無不嗟訝！祖見眾人驚怪，恐人損害，遂將鞋擦了偈，曰：亦未見性。眾以為然。」

就在神秀書偈已畢之後，五祖喚得神秀來到自己房裡，並為之說明：

「你的偈還沒有見得本性，依照如是的見解，想要覓得無上菩提，是不可能的。」又言：「若想要得到無上菩提，必須言下就能識得自己本心，見到自己本性。知道本心本性不生不滅。時時處處，念念都能見到自己本心本性。若能視萬境都如自己本來面目，能持如的見解，就是無上菩提的自性。」

佛法首先要學人能觀照萬物萬相的緣起、緣滅，並依此以證得空性為要。然所謂緣起的空，是意指事物在遷流變動中的無常性、不永恆性；然往往因對「空」的理解錯誤，導致所謂的修學人，又極容易變得消極無所事事，只因一切終究消滅，終將成空，而懶散、懈怠亦因之而產生。

五祖所言的「萬境自如如」，即是在說明：一切萬境萬相的產生，皆源於本心本性而然。凡人的問題癥結點，就在因於萬境萬相的差別，以致產生你我高下的爭競，而這就是造成世間動盪不安的原因。若能確然了悟：原來一切的萬境萬相就是真實的我，原來整個宇宙就是我，以致，幫助他人也才能真實幫助自己，原諒他人就是原諒自己。總言之：雖能觀得世間無常，卻能以真常心為之應用於一切的萬境萬相，如是之行，就能自見自己的本來面目。

當五祖對神秀的一番論說後，又吩咐神秀過一兩日後，再作一偈。然神秀經過數日，仍作偈不成，心中恍惚，神思不安，猶如夢中，行坐不樂，此是神秀的部分。然在另一方面，惠能聽聞有一童子唱誦著神秀的偈，惠能一聽，就知道這偈未見本性，於是請求童子引其到偈前禮拜。當時有位江州別駕張日用，為惠能高聲朗讀神秀的偈，也在惠能的請託之下，為其寫下千古的名偈。

且觀惠能的偈，顯然，是依於神秀之偈的內容，而稍加改變以成。然看似僅是數字的差異，兩偈的理境實有天淵之別。惠能的偈，是依於本性本心而論，故「菩提、明鏡」，於神秀是身與心的代表，是一種有形

有著的表述。惠能則視為是本性本心的覺性，其本是無形無著的，故以「菩提本無樹，明鏡亦非臺」為言。一旦有形有著，就有生有滅，故須仰賴「時時勤拂拭」的有修有證。惠能是立於本性本心為論，故本來已無一物，又何處會沾惹塵埃呢？惠能的宿世智慧，在此已表露無遺，其與神秀之偈的差異，雖有立足點的不同，但在心性徹悟上，惠能誠然不凡。

趣向心物一如的生活境地

> 「祖以袈裟遮圍，不令人見。為說《金剛經》，至『應無所住而生其心』，惠能言下大悟：一切萬法，不離自性。遂啟祖言：何期自性本自清淨，何期自性本不生滅，何期自性本自具足，何期自性本無動搖，何期自性能生萬法。祖知悟本性，謂惠能曰：不識本心，學法無益。若識自本心、見自本性，即名丈夫、天人師、佛。」

當惠能作偈之後，眾弟子都感到非常驚訝且互相議論著。五祖見狀怕有人會加害惠能，於是用鞋將偈擦掉，並且說道：「這偈也沒有見性」，大眾也以為真是如此。隔天，五祖來到惠能工作的碓坊，看見惠能腰間拴著一塊石頭在春米，就對惠能說：「求道的人，為佛法忘身，就應該這樣啊！」於是問惠能：「米春好了嗎？」惠能說：「米早春好了，還欠篩一篩。」五祖聽完，用手杖敲石碓三下而後即離開，惠能立即領會五祖的意思。

這段師徒之間的默契應對，除說明惠能為求法之故，即使八個多月

都在碓坊工作，也心安自在無有抱怨，於此正可彰顯惠能確為祖師的將才。又即使求法者已有所悟得（米已春好），然仍須祖師加以印證（尚欠篩一篩）。在傳法過程中，有言：「威音王如來以前，可以無師自證；威音王如來之後，須有師為證。」威音王如來代表久遠劫之前，以是而知：所有的求法者，皆須有待祖師的印證為可，此乃強調法門傳承的重要性。

在五祖的暗示之下，惠能當下即領會於心。於是師徒兩人，相會於三更時分的五祖房內，在袈裟遮圍燈光，摒除一切外人，五祖為惠能講解《金剛經》，至「應無所住而生其心」時，惠能已然言下大悟：「一切萬法，不離自性。」若以「心」與「物」為言，常人多以心、物為二，然徹悟者自能明悟：心能生物，而物中亦有心（物具有：見聞覺知）。如今日科學之例說明：水能接收人的訊息，當人給予水不同的語詞、語氣，水所產生的分子結構絕然不同。故：心與物是一非二。

在惠能的悟證之中，言自性之體有四：自性本自清淨、本不生滅、本自具足、本無動搖；言自性之用有一：自性能生萬法。體與用的關係，是一非二。顯然，佛法的核心，正在說明：凡眼前所見的一切人、事、物，皆然起於自心本性；物雖有起，但其性本清淨、本不生滅。故所謂的解脫者，實然並非是遠避離卻現前的生活環境，而是於一切人、事、物的不執、無分別、無妄想以證得。惠能源於「無住」與「生心」是一非二而證悟：言無住，則可破有；言生心，則可破無。以是而知：唯有能超越於空與有之中，才可謂是真解脫自在者。學人如何在日常生活中，保有對於一切人、事、物的尊重與禮敬，此為修學的第一步。

由如是因、如是緣而如是果

「三更受法，人盡不知。便傳頓教及衣缽云：汝為第六代祖，
善自護念，廣度有情，流布將來，無令斷絕。聽吾偈曰：有情
來下種，因地果還生，無情既無種，無性亦無生。祖復曰：昔
達摩大師初來此土，人未之信，故傳此衣以為信體，代代相承。
法則以心傳心，皆令自悟自解。」

　　當惠能將自性本心的心悟之語說出之時，五祖已然確認，於是將法
脈與衣缽傳予惠能，並授其為第六代祖，且特別期許其將扛負的重責大
任，即是將法脈廣為流布，並以弘法利生為終生的職志。五祖對惠能所
言之偈，其重點是：在廣度眾生的過程中，須視其根性與因緣，即所謂
的相應，於人、於法皆然如是，其人若具有佛法的根器，自能於佛門中
有所成就，反之；亦然如此。此即如世俗所言：「風雨雖大，難潤無根之
草；佛門雖廣，難度無緣之人。」以如是之因、如是之緣，自能產生如
是之果，此為佛門所特強調。

　　對於法的傳承而言，又實然並未有能度之人與所度的對象，皆是眾
生的自性自度而已，故言：「法則以心傳心，皆令自悟自解。」然歷代祖
師之間的傳承，所傳到底為何呢？此如經云：「自古佛佛惟傳本體，師師
密付本心」，顯然，所傳之法的主要內容，實然就是要學人能證悟一切萬
物萬相的本體，此本體是我與一切萬物萬相的本來面目，若能真實體證
者，其處世待人的見地與身口意等行持，自與凡夫不同，而是近於佛菩
薩般的自在與安然。

　　至於，有關衣缽的傳承，五祖有言：「衣為爭端，止汝勿傳，若傳此

衣，命如懸絲。」對於大多數人而言，終究難以擺脫凡夫長久以來的習氣，即或是為傳承心印之法，在同一師門相互學習的師兄弟們，也會在祖師壽盡返歸後，為爭得祖位，以致彼此產生甚多的嫌隙，早將祖師的殷殷告誡束之高閣，想來：這只能說就是凡夫的識見吧！至此，本是為取信於後人而傳授的衣缽，反成為最大的爭執所在。

五祖終究深知惠能的處境，惠能僅具有八個多月的資歷，且是在碓坊從事粗重的工作，其所含藏的種種智德、威能等，是常人無法一窺即明白的，而其所擁有在宗門中的地位，更無法與神秀相提並論。因此，即使五祖已將法脈傳予惠能，卻又告知：「汝須速去，恐人害汝。」又言：「以後佛法由汝大行，汝去三年，吾方逝世。汝今好去，努力向南。不宜速說，佛法難起。」

在謹遵五祖的咐囑之後，於此，也展開惠能大師一生度化工作的開始。顯然，離開所在的黃梅法門，一方面是情勢所然，但也可以說是：一代祖師各有其當行的因緣。而「向南」之行，也明證禪宗的確然法脈是「南宗」，有別於神秀的北宗之法。

離卻兩邊的自我返照

「惠明作禮云：望行者為我說法。惠能云：汝既為法而來，可屏息諸緣，勿生一念，吾為汝說。明良久。惠能曰：不思善、不思惡，正與麼時，那個是明上座本來面目。惠明言下大悟，復問云：上來密語密意外，還更有密意否？惠能云：與汝說者，即非密也。汝若返照，密在汝邊。」

　　當五祖傳授衣缽之後，惠能辭別五祖即動身南行，約兩個多月時間，來到了大庾嶺（今江西大庾縣南）。在另一方面：五祖送走惠能，回到寺裡，好幾天不上堂，弟子們心中深感疑惑，在詢問五祖後，得知衣缽已傳予惠能，於是，緊追在惠能之後，有數百人想要奪取衣缽。

　　其中有一僧人（俗姓陳，名惠明），曾作過四品將軍，雖性情粗魯，卻有參禪求道之心，他急著要見到惠能，尋覓佛法，於是他搶在眾人之前，追到惠能。惠能於是把衣缽仍到石頭上，說：「這衣缽是傳法的憑證，難道可用強力來爭奪嗎？」因此就隱身在草叢中以待機緣。

　　當陳惠明來到衣缽之前，本以為可輕而易舉地奪得衣缽，然卻發現提拿不動，於是就大聲喊道：「行者！行者！（此時惠能尚未剃髮出家）我是為求法而來，不為衣缽。」惠能於是走了出來，坐在盤石上。惠明行禮道：「請行者為我說法。」惠能說：「你既然是為求佛法而來，可屏息一切因緣，不要產生任何念頭，之後，我再為你而說。」惠明如是依照而行，經過好一會兒。惠能說：「不思量善、也不思量惡，就在這個當下，這就是你陳惠明的本來面目。」

　　依照惠能大師教導的見性方法，其中的重要歷程是：一、屏息一切的外在因緣，也就是先將意識心收歸回來，停止因於攀緣而產生的一切思想念頭。二、除屏息諸緣之外，還要更進一步的「勿生一念」，這是一種維持正念，於每個當下都能了了明覺的境地，然絕非是無所了知的昏沉無明。三、若能維持正念明覺的當下，且能歷經「良久」，此時，重點在能深具維持明覺的能力。四、當維持明覺已具良久的能力時，又能於每個念念當下，都能離卻善惡兩端，而那個能具有覺察覺知的東西，原來就是我的本來面目，也就是真真實實的我。

　　學人若能將此段經文再反覆地探究，或可對禪宗所言「父母未生前的本來面目」，理應漸有所領悟。然如經文所示：即或能稍轉意識心為真

心本性，又如何才能保持「良久」於每個念念當下的覺知，此即是學人的用功處。故當惠明在惠能的開示之下，豁然大悟後，卻仍想知道：「在歷代祖師的傳承中，是否有密語密意呢？」惠能以「汝若返照，密在汝邊」為答，於此就是在說明：為人的真心、本來面目，如何才能求得？實然就在自己身上，有賴於自覺自度。

不是風動、不是旛動，是仁者心動

「一日思惟，時當弘法，不可終遯。遂出至廣州法性寺，值印宗法師，講《涅槃經》。時有風吹旛動，一僧曰風動，一僧曰旛動，議論不已。惠能進曰：不是風動，不是旛動，仁者心動。一眾駭然，印宗延至上席，徵詰奧義，見惠能言簡理當，不由文字。宗云：行者定非常人，久聞黃梅衣法南來，莫是行者否。惠能曰不敢。宗於是作禮。」

惠能即使是在五祖的認可之下而得授衣缽，然卻在各種因素之下，不得不離開宗門而暫避之。就在惠能度化惠明之後（惠明後改道明），惠能來到廣東曹溪，然不意又被尋逐。因此，只好選擇在廣東四會縣，避難於獵人隊中，前後長達約有十五年。在獵人隊的期間，惠能一方面隨宜為獵人們說法；於另一方面，獵人常令其守網，惠能每見生命則盡放之。當要用餐時，則以菜寄煮肉鍋，獵人問之，則說：「但吃肉邊菜」。想來：一代祖師為弘法利生，雖受遭難，卻不退轉其心志與毅力，誠然令人敬佩。

即或隱身在獵人隊中，對惠能而言，其最大的方向目標是宗門法脈

的傳承。當在時日悠悠而過之後，原本想要追逐之人，也已然漸去而淡忘。至此，惠能觀得弘法的時機因緣成熟，於是來到廣州法性寺，正值住持印宗法師，在為大眾講解《涅槃經》。當此之時，出現一場景：一陣風吹起，旗旛飄動著，兩位僧人見狀，即在論辯著：一說是風動，一說是旛動，就在爭辯不已之時。惠能上前說：既不是風動，也不是旛動，是你們的心在動。

當惠能此語一出時，確然令所有的人甚感驚訝。於常人而言，不論是風動與旛動，都是外境所呈現的狀態，而一般人也多因於外境的景況，產生執著與分別。於是，若外境與己心相應，則生歡喜；反之，則瞋恚之，人生的苦惱亦於焉而起。惠能將外境的產生，歸於只是一場緣生緣滅而已，自心本性的清淨才是根本，以是當意識心一起時，實然已離卻本心，故對外境之所以產生好惡的論議，實然就是心動而然。

也因於惠能的論議不同凡俗，終被印宗法師發現，將惠能延請上席，並確認惠能的法脈傳承。於是，印宗法師一方面為惠能剃髮，一方面禮事惠能為師。至此，惠能大師終正式以出家僧人之相而示現於大眾前。佛門在剃髮的過程中，有云：「第一刀願斷一切惡，第二刀願修一切善，第三刀願度一切眾。」顯然，所謂出家，絕非是為圖得個人的清淨而已，因為一切的斷惡與修善，是為能先淨化自己，而後以自身的人品、道德、才能、知見等，引領眾人亦皆能離苦得樂。學人若能以清淨心，聽聞佛聖之所傳教，且在除疑改過之後，實然就與歷代佛聖無別，此是禪宗所欲揭示之理，故曰：心即是佛。

〈般若品〉依妙智慧善觀一切而不執不著

佛性本無差別，愚智緣於迷悟不同

> 「善知識！菩提般若之智，世人本自有之，只緣心迷，不能自
> 悟。須假大善知識，示導見性。當知愚人智人，佛性本無差別，
> 只緣迷悟不同，所以有愚有智。善知識！世人終日口念般若，
> 不識自性般若，猶如說食不飽。口但說空，萬劫不得見性，終
> 無有益。」

由釋迦牟尼佛後，以至歷代祖師大德們，所留下的經論與相關的注
疏，可謂汗牛充棟。且在各宗派別的發展之下，更將所宗經論有甚為廣
面的論述推衍。簡言之，佛法義的內容，誠可謂是豐富多元。然即或佛
法義包羅甚深廣大，但其根本是為證得般若智，以之而離苦得樂，則為
一致。

佛法所論的般若智，總而言之，就是一種對於存在之相的觀照能力。
凡一切的存在皆是剎那生而剎那滅，其生滅的快速，是常人無法當下即
體證得到的。當前一念起，而後一念又再起，一念一念而起，也一念一
念而滅，若能在如是的生滅觀照中，確然了知：實然無有一念可得、一

法可擁有。若能現觀於每一當下而已，前念過去即了然過去，不再憶念留戀。若能於日用倫常中，於一切行住坐臥之間，能具有這種觀照的智慧，此即是佛門所言的般若智。

綜觀整本《六祖壇經》，前品是敘述惠能大師一生的行誼歷程，而〈般若品〉主要在論述「摩訶般若波羅蜜多」（大智慧到彼岸），可說是本經最重要的義理思想，實然也是整個佛法義的根本核心。惠能大師特別提醒大眾，所謂的「菩提般若智慧」，是人人本具的，凡夫只是因為迷惑，不能自我領悟，因此，須由大善知識的指導，才能見得到自己本性。

顯然，所謂的善知識，只是一種外在的引導而已，至於，如何才能得證如是的般若智慧，則有賴一切學人的各自努力。如惠能大師的開示：於本質的佛性上，凡一切的眾生都是等同於諸佛；至於智愚的差別，也只是由於迷悟的不同而已。以是而言：如何得令一切眾生能當下信心承擔，此才是最大的根本所在。此正如惠能大師初見五祖時所言：唯求作佛，不求餘物。對於一般眾生而言，大多數無法或不敢認可自身就是佛，以是，終究流轉生死而無有了期。

敢於直下承擔：本性就是佛，本性以外無有別的佛。此中的關鍵在心口一致的「口念心行」，簡言之，般若智慧的呈現，絕非僅是日誦即可求得；精勤誦讀有助於行為的提醒，然若是有口無心，當在遇緣的當下，煩惱習氣又再一起，終將發現，原來自己功夫是如此地不堪。因此，所謂的修行、見性，是意指在每個當下，皆能轉得一切境界返歸自心本性。學人首先要能真信祖師的教示，且確然在人世相處上，時時、處處檢視自己，一再地懺悔、更新，想來：如是的人生，也終將深具意義與價值。

真空之性廣大包羅一切

「何名摩訶？摩訶是大，心量廣大，猶如虛空，無有邊畔，亦無方圓大小，亦非青黃赤白，亦無上下長短，亦無瞋無喜，無是無非，無善無惡，無有頭尾。諸佛刹土，盡同虛空。世人妙性本空，無有一法可得。自性真空，亦復如是。善知識！莫聞吾說空，便即著空。第一莫著空，若空心靜坐，即著無記空。」

在〈般若品〉中，六祖首先要大眾總淨心念：「摩訶般若波羅蜜多」。對於一般大眾而言，最困難之處，即是對自身本具菩提般若之智的肯認。凡本如是的難信，且在尚未明悟之前，已然願聽之乃至信之者，實然皆是深具善根者。如是之人，也可以說是：其深層意識中的含藏，隱然現出若干。顯然，六祖的開法，其主要的根本核心，即是要學人確然相信：「菩提般若之智，世人本自有之。」

為使學人更進一步明悟自身本具的真心本性，六祖要學人先保持淨心，並對所謂的「摩訶般若波羅蜜多」逐一論述。首先說明「摩訶」，摩訶義譯為「廣大」，此廣大是意指真心本性而言，換言之；凡一切有所規範、邊畔、對立等，皆非廣大之義，故總論：「世人妙性本空，無有一法可得。自性真空，亦復如是。」此義即是在說明：在「色身之我」尚未出現之前，才是真我，也就是禪宗要學人體證「父母未生前的本來面目」。

常人最難以突破的就是這個假我，凡一切的紛爭也因這個色身我而生焉。且因於我而延伸一切「我的」。學人若真能明悟「自性真空，無一法可得」，則真我就是等同於虛空，更明確的說：是虛空之前的真空，才是真正的我。顯然，如何將「我的」消轉成「我」，才能得見真我。

　　論述真空的真我，於一般人是甚難領悟之，且所謂的「空」，常人又容易與「虛無」互為混淆。六祖恐學人誤解真空之義，故不得不進一步論述：「世界虛空能含萬物色像」，簡言之，且觀虛空之中，包含一切的日月星宿、山河大地，乃至一切的惡人善人等，皆在虛空中。以此說明：「自性能含萬法是大，萬法在諸人性中。」自性與萬法是一非二，顯然，所謂的得證真空自性，即是如何才能「若見一切人惡之與善，盡皆不取不捨，亦不染著。」重要之處在不執著，而並非是否定眼前所見的一切人、事、物等。

　　在修學佛法歷程中，首先要破除的是對「有」的執著，其次則是對「空」的執著。此兩者中，當修學一段時期後，通常有較容易傾向於溺陷空的現象，以是，對人生消極懶怠、無意無趣，乃至對弘法利生亦失去熱誠，此誠是不解空義所產生的弊病。故六祖特別提出：「莫聞吾說空，便即著空。第一莫著空，若空心靜坐，即著無記空。」如是的教誨，即是要學人能真確明悟：萬物與我同體，唯有眾生成，才能是我成。

由自身之德延伸於外影響他人

　　「善知識！何名般若？般若者，唐言智慧也。一切處所、一切時中，念念不愚，常行智慧，即是般若行。一念愚即般若絕，一念智即般若生。世人愚迷不見般若，口說般若，心中常愚。常自言：我說般若。念念說空，不識真空。般若無形相，智慧心即是。若作如是解，即名般若智。」

　　佛門的一切修行，其最終目的在證得般若智，依於般若智才能真實

解決一切的問題。唯真實的智慧，仍須由持戒、修定以得。簡言之，唯有努力積極地廣修布施、持戒、忍辱、精進、禪定，才能將本具的般若智開發出來。

佛門的般若智，並非是一般的世智辯聰，為避免直翻為智慧，容易造成混淆般若的真實義，故經典中保其「般若」原音。般若智是一種對存在事物的觀照能力，若確然能明悟：「凡所有相，皆是虛妄。」則任何的執著皆是煩惱的主因，簡言之，要能接受任何的改變。

對於常人而言，在可預知且是漸進式的變化，通常較能坦然面對。例如：年齡到達一定的歲數，必須離開是一種早已有的心理準備。若能如是，則自身與親人，似乎也可說是完成人生的一件大事。然通常的人生，多數無法一如己願，於是，面對突如其來的變故，或哭天搶地，或怨恨咒罵，或溺陷哀愁中無法自拔等，而多數人又以此為人情的表現。然若過於淡然、冷靜，有時反會被冠上無情、無義，乃至遭受無端的懷疑等。顯然，若對於生命的本源，無法有真確的明悟，則當在面對世俗的人情時，往往亦會感到壓力與無所適從，此即如經文所言「口說般若，心中常愚」的狀況。

所有的佛聖大德，費其一生將人生的證悟，透過各種方式而流傳下來，其目的：唯在令一切眾生皆能離苦得樂；簡言之，人生如何才能真實獲得幸福、快樂，是為佛聖的心懷。然如是的悅樂人生，是無法憑空而得的，是須有所修持才能有所證得。而所謂修，就是先改變自己，提升自己的見地。在整個修學的過程中，誠如前人所言：「學如逆水行舟，不進則退」，若不能時時、處處明見之，則如經文所言：「一念愚即般若絕，一念智即般若生」，是決定於每個當下的一念。

佛門對於觀空的般若智，實然是有甚多的論述，唯此中有一重點，是在分析「真空與頑空」的不同。若自以為是的百無所思，如是就落於

頑空、無記空，此並非是真性般若智。所謂真性本具的般若智，其雖無有形相，卻能於日常生活言行中自然流露。一個真具般若智的人，其生活自與常人無異，然因其內心的安然，所自然表現於外的態度，自能吸引旁人與之效法學習。簡言之，如何由自身所具之德，延伸於外以影響他人，此即是般若智的呈現，絕非是避世或隱遁的態度。

真信：真性真佛就在我身上

> 「何名波羅蜜？此是西國語，唐言到彼岸，解義離生滅。著境生滅起，如水有波浪，即名為此岸。離境無生滅，如水常通流，即名為彼岸，故號波羅蜜。善知識！迷人口念，當念之時，有妄有非。念念若行，是名真性。悟此法者，是般若法。修此行者，是般若行。一念修行，自身等佛。」

佛法雖具有甚深的哲理思想，然其目標在依法修行以離苦得樂。在人生的過程中，每個人皆有其不可替代的境遇，因此，所謂是否能離苦得樂，絕非是依於物質或人事等因素而論，而是以自處的心境為關鍵。學人若能離苦得樂，即是佛門所謂「到彼岸」，簡言之，以此岸代表迷，以能達至彼岸則為悟。然此與彼，其決定點則在著境與不著境而已。

若以水為譬喻，則更易明瞭：水若起波浪，有波浪則有生滅，這就是此岸。反之，若水還歸永遠的通流，就是彼岸，亦名波羅蜜。在人世的相處中，為人最困難之處，就是對已過往之事，可以全然放下。所謂放下，是一種面對問題當處理、能處理之後的一種心境。如是心境的證得，絕非是言說上的論辯，而是確然實行後的自得自在，能如是而行，

是謂「到彼岸」。

　　禪宗的修行，重在日常的生活中，以是有：「平常心是道」，顯然，所謂的道，絕非是談玄論妙，而是一種生活的實踐態度。在現今的大環境中，因於，人與人之間的互往過於緊密，雖有其便利的一面；但也容易將本是兩人些微的摩擦，快速地擴大其事端，導致難以收拾的局面。於是，人性中本具有的善良、寬和與體諒等，也在各種爭端裡，逐漸地被抑制與壓縮。

　　禪門的修行重點，無非就是要學人能恢復自己的本來面目。唯如何能在念念之中，皆保持正念，此中的關鍵是：面對每個境界的當下，皆能提起正觀，深悟眼前的一切皆是暫時的幻境，既知一切皆是剎那生滅，則自能了知於一切的執著皆是不智。若能如是而悟，即是般若法；若能如是而行，即是般若行。顯然，絕非是口念而心不行，唯如何善用方法，將成能得證與否的關鍵。

　　對於現今的人而言，由於網路通訊的發達，人與人之間的關係，可以既是緊密得無所遁形。然另一方面，也可以是即使面對面，也是人各一機在手地無視對方的存在。當處於如是溺陷於各種物質的環境裡，人與人的往來如何得以輕鬆、自在，實然仍如佛聖所教誨的，一切決定權仍在自己的身上。

　　於今最大的危機，就是信心的危機。不能或不敢、無法相信：「真性、真佛就在我身上」，於是，當越趣往人性之惡而行時，則所感得的世界樣態，自是混亂與爭端不斷的局勢。反之，若能真實自信一切的人、事、物皆與我同體同在，唯當自身的德行越能顯發時，自能影響外在的人事與環境。

自心起正見、煩惱不能染，即是見性

「般若之智亦無大小，為一切眾生自心迷悟不同。迷心外見，
修行覓佛，未悟自性，即是小根。若開悟頓教，不執外修，但
於自心常起正見，煩惱塵勞，常不能染，即是見性。善知識！
內外不住，去來自由，能除執心，通達無礙，能修此行，此《般
若經》本無差別。」

佛門有大小根器之分，然如是的界分，並非是眾生有本質上的差異，
而是眾生在面對一切人、事、物的當下，所呈顯的是煩惱亦或是智慧。
佛門總論一切的智慧，皆由般若而生，且有言：「佛開八萬四千法門，為
治八萬四千煩惱」，顯然，關鍵是為對治一切的煩惱，故才有法門的開演。
以是而知：佛實然並未言說一字，而一切的教示只為解消眾生的塵勞罷
了，當一旦眾生皆無煩惱時，則對一切的佛法亦須了然地放下。

禪宗的修行宗旨，其目的在能證得「明心見性，見性成佛」，此中的
關鍵在如何能得明見心性？首先，深信自身本具與諸佛相同的本心本
性，並依此本心本性所具有的般若智，來觀照一切的人、事、物，都能
不取不捨，不執不著，這就是見性成佛。

此看似依於本心本性，即可成就之事。然對於一般的大眾言而言，
卻是甚難以臻至的，或認為是妄想無稽之事。依於佛的見地，眾生本與
佛無異，然大多數的人，卻是無法深信「佛說：大地眾生，皆有如來的
智慧德相」，顯然，是否能深信之，則成為根器大與小的關鍵。

禪宗直由本心本性入手，如是的頓教法門，對於小根之人而言，即
使聽聞也無法依此頓教法門而自己開悟，此乃源於邪見障礙厚重，煩惱

之根太深所致，恍若密雲遮住太陽，若沒有大風的吹散，日光是不能顯露而出的。如老子《道德經》所言：「上士聞道，勤而行之；中士聞道，若存若亡；下士聞道，大笑之，不笑不以為道。」顯然，對於修行佛聖之學的人而言，首先要排除的就是自己的煩惱與障礙，若真能勤而行之，自有成就之期，而所謂根器大小之分，也只是修學歷程中的過程而已。

禪宗一再地強調，修行的根本在能依於本心本性而行，換言之；修行的方式對根器的大小是有決定性的作用。小根之人，迷誤於外面的境界，於是向身外去修行尋佛，如是之行，也只能在無有窮盡的外界中，產生更多的塵勞與奔馳而已，於是，離自見本心本性，亦將漸行漸遠。

反之，如果心開悟解，能深信頓教，不向外修行，只在自心裡永遠興起正見，則煩惱、塵勞就永遠不能染污。亦可言：是一種對於外境所有的一切存在現相，皆能具有觀照的能力，且以是而修行，達至內外都不住，來去自由，無有執著，通達無礙，凡能如是的修行，就是大根器的人，也就是見性之人。

修行實證在自悟自得

「是以將此教法流行，令學道者頓悟菩提，各自觀心，自見本性。若自不悟，須覓大善知識，解最上乘法者，直示正路。是善知識有大因緣，所謂化導令得見性。一切善法，因善知識能發起故。三世諸佛，十二部經，在人性中本自具有，不能自悟。須求善知識，指示方見。若自悟者，不假外求。」

在人生的學習歷程上，不論是知識的傳承，還是百工、技藝等，除

自學摸索之外，若能有前輩的指點與引導，再加上自身的努力精進，如是才能臻至精益求精的境界。於學術上是如此，於佛聖之學上更是重視。唯於佛門，所謂的善知識，並不僅僅是知識上的傳授，更重要是生活實證上的指點，要言之；是特指能引導他人趣往圓滿覺悟之路而行者，才可稱為是善知識。

六祖在五祖座下，明悟：「應無所住而生其心」，「不住」即是真空，「生心」即是「妙有」，真空與妙有，是一非二，若能破除於空與有的執著，即是中道。六祖言：「自性能生萬法」，即是說明，凡眼前所見的一切人、事、物，皆是自性中本具有的。整個禪宗所要傳承的亦唯此一真性，無二亦無他。如經云：「是以將此教法流行，令學道者頓悟菩提，各自觀心，自見本性。」此不僅是六祖大師的職志，更是佛法的核心要旨。

對於一般的學人而言，若要自悟本心本性，實屬困難重重，即或如六祖般的宿世聰慧者，仍須有五祖的提點與指示，且更須有師承的確認，故經文又言：「若自不悟，須覓大善知識，解最上乘法者，直示正路。」顯然，自性本心，雖本是人人本具，但仍須有善知識的直示與傳承。此中的關鍵在：善知識主要是有化導之責，但見性與否則在學人的自身上。

學人之所以能證得與十方三世諸佛等同的本心，實然就是因於全法界，唯有一心，此即是真心、本心。如何體證自身是否具有此真心、本心，則可細微觀察自己的起心動念：在對待他人時，是否能永恆的保持著真心，且並不隨著時、空間而有任何的改變。反之，若總是三心二意，此即是意識心的作用而已。思維至此，理應更能明白：即或有大善知識的化導見性，得證與否，確然只能自悟，不假外求。

在人的一生當中，是必要仰賴眾多的外緣，才得以長大成人。此中，善知識更扮演著重要的角色，如經云：「一切善法，因善知識能發起故」，為人一旦得遇善緣，引導正確的方向，趣往菩提之路而行，此誠然是可

遇而不可求，是須多生累劫的積累所致。為人一旦有幸得遇大善知識，
且有好的學習環境，再加上有同修道伴，實然更要掌握時光，一心一意
地確然改變自己，若再蹉跎延誤，當一失人身時，則其後之路將是無法
預知的。

於念念中而無著的智慧

> 「善知識！智慧觀照，內外明徹，識自本心。若識本心，即本
> 解脫。若得解脫，即是般若三昧。般若三昧，即是無念。何名
> 無念？知見一切法，心不染著，是為無念。用即遍一切處，亦
> 不著一切處。但淨本心，使六識出六門，於六塵中無染無雜，
> 來去自由，通用無滯，即是般若三昧自在解脫。」

人自一出生後，最是無法避免的，就是必然要面對人、事、物，且
隨著年齡的增長，所要處理的林林總總，實然是無法細數的。因此，對
於佛門所謂的解脫煩惱，以得自在，此於常人而言，多數是難以置信，
而更多的人則以為只是一場不實的幻想罷了！於是，本是在彰顯人性最
美好一面的佛聖之學，則在多數人的誤解與難以相信之下，如是理念的
永續傳承與發展，可謂是大事中之大事。

當在人與人之間，因於理念不同，乃至言語稍有歧見，在網路流通
便利與快速之下，其所遭受到的攻擊與壓力，也是往昔所無法想像的。
以是正處於今世的時代裡，對於禪門的「無念」若能有正確的領悟，可
謂是紅塵俗世間的一帖清涼劑。所謂無念，並非是毫無任何的念頭，更
不是隱藏自己，不與外界有任何的接觸，而達到自以為是的清淨無念。

禪宗所提的「無念」，是在於面對一切法時，心能不被染污，也不執著，這就是無念。將無念應用於日常生活，則能遍及一切處所，又能不執著於任何處所。顯然，所謂無念，就是以清淨本心，主導自己眼、耳、鼻、舌、身、意的六識在六根中出入，且能在色、聲、香、味、觸、法的六塵中不被染污，來去自由，無有滯礙，這就是無念行。若自以為：只要什麼都不想，就能令思緒斷絕；然如是的作為，只是被法所束縛而已，佛門稱之為「邊見」。

為人的自在，是當面對一切人事環境時，皆能安然以處。且在人的一生當中，即或如獨居者，終究也要面對自心的起伏，也有其要面對的環境等因素，以是而知：若採取躲避的方式，或許僅能暫得些微的靜相，實難擁有內心真正的安然自在。故如經云：「智慧觀照，內外明徹，識自本心。若識本心，即本解脫。」此中的關鍵在智慧觀照，對於一切存在之相的如幻如化，能有真確的透悟，如是的見地與心行，即是諸佛的境界，此全然是識自本心、不假外求的。

對於人生的感覺是苦或樂？此於物質的多寡影響較輕微，與見地層次的高低較深，要言之，思想觀念的層次，將決定人生是苦或樂。有些人即或物質已然無缺，然內心仍欲求不滿，如是的人生終將苦多樂少。且觀佛聖的生活，大抵物質生活簡單，以單純心思利他而不求回報，一切往來無礙無執，如是之樂，唯相應者能領首。

保任清淨本心以對一切

「說通及心通，如日處虛空。唯傳見性法，出世破邪宗。法即

無頓漸，迷悟有遲疾。只此見性門，愚人不可悉。說即雖萬般，
合理還歸一。煩惱暗宅中，常須生慧日。邪來煩惱至，正來煩
惱除。邪正具不用，清淨至無餘。菩提本自性，起心即是妄。
淨心在妄中，但正無三障。」

在為人一生的過程中，見面說話是一種必要的溝通，但若因於口氣、
用詞等不適當所產生的誤會，卻也是造成極大困擾的主要因素。因此，
如何說得恰當、得體，且對於溝通是有正面的意義，誠然不易。依於歷
史的教訓：有因於諫言而遭受殺身之禍者，有為求私利而奉承阿諛者，
有為免於前兩者而寧可避居山林，凡此種種，皆可說明：言談確然是一
門高深的學問。

如經云：「說通及心通」，在佛門的修學中，其最終極的目標在證得
「寂靜涅槃、無生無滅」，此乃是為人尚未起心動念前的空靈性境。對於
如是的立論，於常人而言，通常無法於短暫時間即可明悟，或有以為討
論如是的境地，對於生活又有何幫助呢！凡此種種，皆可體會「說通」
的困難。

或許以科學之論為說：宇宙的原始是「時空統一」的狀態，簡言之，
無有時、空間，才是真實的宇宙原貌。今人所感受得到的時、空間，也
只是一種如夢幻般的感覺而已。唯科學家雖有理論，但卻無法親身證得，
故最後總論：「將一切榮耀皆歸上帝」。顯然，不論是依於科學理論，或
依於佛門的修證，其重要的關鍵仍在如何將此體證實行於生活中，此才
是真正修學的精隨所在。

若言「說通」不易，則「心通」將更顯困難，唯此兩者是一非二。
因於禪宗的傳承中，唯傳見性一法，若能依自心自性入手，則一切的言
說心得是依於親證而有，實然並非是鸚歌學人語；既非由外得，故能親

證者，則必能言說，故亦可言：說通就是心通，心通才能說通。

人與人之間所以有甚多的誤解、怨懟、爭鬥等產生，一言以蔽之：就是無法以清淨本心待一切的人、事、物。所謂的修證成佛，其意在以「清淨、平等、正覺」為究竟圓滿。如經云：「菩提本自性，起心即是妄。淨心在妄中，但正無三障。」清淨本心是自性本具的本覺，唯一起心動念，即障礙清淨本心的呈現；為人一旦失去清淨心，亦將無法以智慧面對處理一切的人、事、物，以致其一言一行只是個人習氣的表露而已矣！

習氣通常來自於自身的貪、瞋、癡，此三毒是一切煩惱障的根源。如云：「不怕念起，只怕覺遲」，如何在三毒興起的當下，不再與之起舞而造作五逆十惡的業障，此即是修行的根本所在。依於煩惱障、業障，其後的三惡道（地獄、餓鬼、畜生）的報障亦將隨之而現前。唯煩惱障、業障與報障，此三障其本不存在，故如何保任清淨本心，才是根本中之根本。

只檢討自己的內自證

「世人若修道，一切盡不妨。常自見己過，與道即相當。色類自有道，各不相妨惱。離道別覓道，終身不見道。波波度一生，到頭還自懊。欲得見真道，行正即是道。自若無道心，闇行不見道。若真修道人，不見世間過。若見他人非，自非卻是左。他非我不非，我非自有過。」

眼前的世間，可謂是一重重疊疊的爭執所現。尤其在以工商為主的環境裡，時人多贊言要有良性的競爭，如是才能帶來社會的進步。然若

細思之：正因起於競爭，於是必有欲爭奪的目標，如是地逐漸演變，為競爭則不擇手段之事也層出不窮。且在競爭的當下，也極容易養成一心想尋找對方的缺失，如是的習氣傾向，將本是至真、至善、至美的自性本心，可謂蒙上深層垢染，一旦若想清除之，則其所花費的時間，將更形困難重重。

禪宗一再地強調：「佛向心中覓，不必向外求」的觀念，就是要學人能領悟，所謂成佛的功夫，是在保任自性本心的原貌而已。將如是的清淨本心，相應於一切的人、事、物上，首先，就是要能「不見他人過」。唯對於一般的學人而言，此看似簡單，實然又是最為困難之事；尤其，當在面對他人的毀謗、污衊與屈辱時，絕少有人可以淡而化之。且若是在社群單位中，若不能舉出反證，有時反會被冠上默認的標籤，故於現今的處世而言，其困難度相對又更為不易，也正考驗著有心的修學者。

且觀歷代的佛聖菩薩們，又有何人可以完全不受任何的批評與質疑呢？顯然，即如經云：「欲得見真道，行正即是道。自若無道心，闇行不見道。」為人若能持守戒律嚴謹，一切言行能仰不愧天、俯不怍人，如是自能有清淨本心，反之；若違反倫常、道德，即或他人不知或不揭穿，自身也將在罪惡感中而惶惶不安。故凡真修道人，實然只要求檢討自己，不檢討他人的內自證。亦唯有人人如此，才有可能營造真實快樂的世間樂園、佛國淨土。

對於有心修學的人而言，功夫的養成，是可以逐步而踏實完成的。由面對批評時，能先自我檢討，有則改之，無則嘉勉。其後，再進一步，自我檢視內心的深處，是否確然已放下如是的負擔，於對方是否已完全毫無芥蒂。同理，若是他人犯錯時，自己的態度又是如何呢？如經云：「若真修道人，不見世間過。若見他人非，自非卻是左。他非我不非，我非自有過。」為人難免有所過錯，尤其面對五逆十惡之人，除令其知過、

懺悔，更重要是引導使其改往修來，或許這是一條漫漫長路，但也是諸佛菩薩的本懷。

在現今網路訊息流量極為快速，人們的按鍵又極其無情的時代裡，「不見世間過」的自我要求，或許才能在雜煩中保有一方清淨的妙方。

在世間中才能得以覺悟

「佛法在世間，不離世間覺。離世覓菩提，恰如求兔角。正見名出世，邪見名世間。邪正盡打卻，菩提性宛然。此頌是頓教，亦名大法船。迷聞經累劫，悟則剎那間。師復曰：今於大梵寺，說此頓教，普願法界眾生，言下見性成佛。」

禪宗宗旨：「教外別傳，不立文字，直指人心，見性成佛。」如是十六字，可謂道盡禪門的修行重點是「在己不在外」。因此，所謂的世間、出世間，正見、邪見，凡夫、佛陀，皆是一非二。於迷者而言，我是我，他是他；於悟者而言，世間即淨土，煩惱即菩提。此兩者的差異，亦在一轉念間，簡言之，人生的苦與樂的感受，除源於外在人事環境的因素之外，實然多與自心見地有絕大的關係。

於禪門的修行層次上，向來列分有三種境界：一、見山是山、見水是水。二、見山不是山、見水不是水。三、見山還是山、見水還是水。此於人生的歷程上，於初出社會時，一心努力於家庭、事業等方面，確然是見山是山、見水是水，強調世間的重要性。待至中年時，於人生，於事業已然嘗盡各種酸甜苦辣；當此之時，於體力、於熱情，又已不如年輕時期，或在諸多的境緣之下有所感觸，或在欲進、欲退之間徘徊，

誠然是見山不是山、見水不是水。待至人生又更成熟時，夕陽已西下，金光閃爍，原來最美好的就在當下，於是，安然於眼前一切的安排，盡情享受生命的饗宴，至此，見山還是山，見水還是水，則是一種實然的體現。

如經云：「佛法在世間，不離世間覺。離世覓菩提，恰如求兔角。」真我就在我身上，以真我觀照眼前的世間，則凡眼前的一切人、事、物皆是我。由本以身為小我，再闊開心量至一切皆是大我；唯如何將小我融入大我，此並非是一種理論，而是必然的實證。學人若能由本是檢討他人，至只檢討自己，自能體證世間即出世間，並非於世間之外，有另一出世間的存在。

又如經云：「正見名出世，邪見名世間。邪正盡打卻，菩提性宛然。」在眼前的世間，常人多喜爭贏、爭勝，且多有自以為是的正義之士，高舉大旗以進行其所謂的審判，於是在是非、黑白之下，人事似乎也被分割兩邊。然通常所的價值判斷，常隨著時、空間因緣的轉變，亦多有今是昨非的現象。於是，撫今追昔時，也只能感嘆：一切都是時勢所造成的。

細觀整過所處的大環境，其中包含的可謂是森羅萬象，各自崢嶸，實然是美不勝收。彼此是可以和睦共存、共生共榮的。然此中的關鍵，就是大我的觀念與實證，必由人類、必由自身開始作起。若仍然是處處指責他人、時時檢討對方，在互爭的過程中，只能增長意識心的作用，反將天然本性完全沉淪。

〈疑問品〉疑除生信：功德在自性中，西方就在眼前

有疑必問、疑除信生

「一日，韋刺史為師設大會齋。齋訖，刺史請師陞座。同官僚士庶，肅容再拜，問曰：弟子聞和尚說法，實不可思議。今有少疑，願大慈悲，特為解說。師曰：有疑即問，吾當為說。」

對於欲學習任何一技藝乃至一課業者，在整個探求的過程中，若有產生疑惑與不解處，或是無法突破瓶頸時，若能有專精經驗者的引領，如是才能得令學習者有向前發展的可能性，反之；若有疑問而無法獲得解決，亦或是心中有疑卻又不求甚解，如是，必由疑中生怪，因怪導致中途廢棄者，則甚是可惜之事。

於學習專業技藝是如此，於學習佛聖之學更是如此。唯在佛門中，對於提出疑問的方式，約有數類不同的目的：一、因不解而提出疑問：在佛門中，最重要的學習方向，就是在瞭解宇宙人生的事實真相，尤其對於不生不滅、無生無滅的宇宙事實真相，如是的見地，必要能有深入的領悟。二、因疑惑而提出疑問：在本〈疑問品〉中由韋刺史所提的問題，例如：福德與功德的差別，以及淨土的方位問題等，如是的提問就

是因於疑惑而提出。三、因試驗而提出疑問：當學人具有一定的程度後，為考驗其是否具有真實的功夫，有時會故意刁難之，以見其定力的淺深。四、為輕觸其人而提出疑問：有時為能與他人初接觸，故意提出問題以觀其所應對，如是，一方面可化解陌生感，一方面可探知其所理解內涵的淺深，也因於如是的接觸，可建立下次再談話的機緣，更是度他的一種方法。五、為利樂有情而提出疑問：有時在一聚會裡，因於深知廣大群眾的問題所在，於是有代為發問者，以解在場會眾的疑惑，此乃是為利他而提出，本〈疑問品〉中的疑問，亦兼有此意。

　　在整個學習的過程中，可以完全毫無疑問的，大抵有兩類之人，其一，就是資質特為上乘者，如是之人，一點即通，更能自我進修再上一層。此於，佛聖之學更是如此，正所謂「師父領進門，修行在個人」，因於，佛聖之學乃是一實證之道，必要能實修實證，其所論、所言就是自身的親證。其二，或許就是絕大多數的人，一方面雖嚮慕佛聖之學，但卻在學習的過程中，不求甚解，也不求提升改變自己，時日一久，得過且過，因循度日，如是之人，並非毫無問題，而是不知自己的問題所在。

　　在學習的過程中，若能得一善知識，不但能善知自己的問題所在，也能適時地提點一二，且再加上自身的用功，如是因於論道而相處相知，彼此之間只有正向的提升，完全沒有負面的干擾，此誠可遇而不可求。在學習佛聖之學的路上，能得一相應之人，已是甚為不易，若能親得善知識的指導，更可言是人生的大幸。

能與他人分享的福報

「韋公曰：和尚所說，可不是達摩大師宗旨乎？師曰：是。公
曰：弟子聞達摩初化梁武帝，帝問云：朕一生造寺度僧、布施
設齋，有何功德？達摩言：實無功德。弟子未達此理，願和尚
為說。師曰：實無功德，勿疑先聖之言。武帝心邪，不知正法，
造寺度僧、布施設齋，名為求福，不可將福便為功德。」

有關達摩初見梁武帝的公案，向來是佛門對於功德與福德的差別所
在，是一相當有名的典故。依佛之知見，人有無量世的因緣果報，且在
因果通三世之下，故有：「欲知前世因，今生受者是；欲知來世果，今
生作者是。」唯所謂的因果論，其正確的說法是因緣果論，此中，最為
關鍵的就是「緣」，簡言之，論因果絕非是宿命論，亦或許看似是堅固的
宿命，但卻是可以突破的，只要學人能認真於當下的種善因，則必有其
後的善果出現。

梁武帝向有菩薩皇帝之稱，其一生學佛，亦樂善好施，且以其為帝
王的身分，於造寺度僧與布施設齋上，皆可謂對佛教貢獻厥偉。當得知
有一西天來的達摩大師，此於梁武帝而言，能得與大師相遇論道，無疑
更添人生的光彩。設想：當在大師的面前，表現出自己對佛門的高度護
持，細說自己一生所行的一切好事善舉後，必能得大師的稱許嘉勉，相
見的氣氛將是和樂融融，若能再得大師幾句話的提點鼓勵，於人生可謂
無憾矣！

然這一切都不如梁武帝的預想，當自以為行善布施理應有甚多的功
德時，卻得到達摩大師的冷回答：「實無功德」。如是的答案，不僅打擊

梁武帝本來的熱切之心，更因為無法理解達摩大師的本意，在彼此談話無法投機之下，於是達摩大師也只能在如是的因緣之下而離開，也促成其後來到嵩山少林寺，展開面壁九年的修行歷程。

對於常人而言，修行首先要由布施入手，於是，凡有心修學者，無不由財施、法施、無畏施等積極以行。也或許在布施的過程中，確能感受到付出所得到的歡喜，於是，養成布施的習慣，且有越施越多的體悟。凡此種種，皆是佛門要學人努力以行持的。更由於深信：今世的布施，必能感得來世的富足果報，於是，有終其一生以布施為樂者，此無疑是令人敬佩的，誠是修學者的好榜樣。

唯所謂種善因、得善果，此只是一種世間的有為法。於佛門而言，將自身所擁有的一切財物、能力與智慧等，施予協助利益他人，如是的行為，只能視為求福，故如經云：「六祖曰：實無功德，勿疑先聖之言。武帝心邪，不知正法，造寺度僧、布施設齋，名為求福，不可將福便為功德。」顯然，凡能由己身而出，以與他人分享的，那僅僅是個人的福報而已。想來：自身無法與他人分享的，那又是甚麼呢！

自內證的是功德

「功德在法身中，不在修福。師又曰：見性是功，平等是德。念念無滯，常見本性，真實妙用，名為功德。內心謙下是功，外行於禮是德。自性建立萬法是功，心體離念是德。不離自性是功，應用無染是德。若覓功德法身，但依此作，是真功德。」

人人皆有善性，此是為人的天性。對於天性的肯認，向來是思想家

所關注的問題。吾人可以如是的觀察：假若一個人，其行為能感動所有的人，且皆讚美其善行義舉，如是正足以說明，其人的行為是符合人的天性的。反之，若為人行事違反天性，亦將受到所有人的譴責。顯然，天性的呈顯，是一種發自內心最為自然真誠的表現，而如是的天性流露，是無法分享而出予他人的，而其真誠自在的自得，唯有內自證可知。

為人若喜歡行善布施，此是令人稱讚的，社會上能有如是之人多一些，或許社會的爭端也將降低若干。然於現實的社會裡，亦有因於慈善事業的龐大，其所延伸的財物、人事等問題，亦多有所聞。且觀當今現實的社會，除極少數必須予短時間的物質援助之外，其餘，大多數的人，其所缺乏的多是精神、心靈層次上的提升問題。簡言之，唯有協助他人確然能自立自得，才能算是真實利他工作的完成。

六祖大師一再地強調，所謂的修福，是一種可以與他人分享而出的，例如：財施、法施、無畏施等，依如是而行事，其所感得的就是「福德」。如依於因果論上所言：財施得財富，法施得聰明智慧，無畏施得長壽健康等。唯佛門所言的「功德」，並非是一種得以外求的，如經云：「功德在法身中，不在修福。師又曰：見性是功，平等是德。」所謂「法身」，就是智慧生命，也可以說就是天性的流露，為人之所以無法真實呈顯天性，實然是因於一切的貪瞋癡慢疑等煩惱業障所致。

因於，社會大眾多以求福為功德，以是，若能對他人有些許的財施，乃至若干的力量協助，則言談間多掛著是在「作善事、行功德」，此即如梁武帝的自驕自恃。為能扭轉如是的觀念，於是，六祖又強調：「念念無滯，常見本性，真實妙用，名為功德。」在天性的流露當下，一切的行事皆是必然自然以行，實然無有是在修福，或是有功德等的念頭。

如何從有相的布施，再提升至無相的行持，才能由世間法，以臻至出世間法，唯能如是，才能趨向佛門的修證目標。為使學人能更清楚行

事的方法，於是，六祖又言：「內心謙下是功，外行於禮是德。」至此，更能凸顯所謂功德之義，是一種內在行持而自然表現於外，是一種日日、時時、處處於日常生活上的行事，簡言之，功德就是依於自性而應用無染無執。

真修實行才是功德

「若修功德之人，心即不輕，常行普敬。心常輕人，吾我不斷，即自無功。自性虛妄不實，即自無德。為吾我自大，常輕一切故。善知識！念念無間是功，心行平直是德。自修性是功，自修身是德。善知識！功德須自性內見，不是布施供養之所求也。」

因於布施修福而感得的結果，稱之為福報。凡福報則是可與他人共為分享，且依於因果論：布施越多，則感得的福報將更大，同理，也因於福報大者，則更應廣為布施。唯如是看似善的行為，於佛門也只能視為是世間有漏法。

六祖為使學人能更明悟功德與福德的不同，於是特別強調：「功德須自性內見，不是布施供養之所求」，顯然，功德是一種依於真修實行者而言，是一種日常生活的行為表現，首先必須由恭敬他人入手。常人多因於外相的身分、地位、權勢等，於是對人的態度亦為之不同；若能徹悟人人皆本同具一真性，則謙和敬人之行才能真實流露。

為人之所以會輕視他人，多因於自以為是：或因於財富、或因於能力本事、或因於名位權力等，總之，一旦自視為高而輕人，則必然產生你、我的是非不斷，以是有言：「昧於同體，視為異類」，顯然，對於來

自同體一源的徹悟不足者，則必然只相信並高估自己，如是之人，將無法真誠地善待他人。

為人若能感得大福報，皆是過去生中的努力以得，唯往往享大福報者，也極容易在享福中而耗損掉多生累劫的積福，故有言：「千劫修來一劫享，一劫享盡千劫忙」，如是的輪迴不已，實然是無法徹底解決問題的。於是佛門要學人必由世間法，再趣往出世間法。以是，唯有真實回歸自性才是究竟之處，故如經云：「念念無間是功，心行平直是德。自修性是功，自修身是德。」顯然，功德是一種自內證的功夫，是一種真實智慧的自然流露，是一種他人無法分享而得的，也唯有如此，才能真實完成超然自在的生命。

在修學的過程中，用心努力地累積福報，是一必然的首要功課，學人千萬不可自以為福報是不究竟，就隨意不積極行之。為人若財布施也不肯付出，又如何將自身的貪瞋癡慢疑一捨而出呢！且為人思想觀念層次的高低，是與他所能施捨的比例有決然的關係。若想成為菩薩，則六度（布施、持戒、忍辱、精進、禪定、智慧）是必然之行，顯然，以智慧為基礎之下，學人當積極努力於勤修福報為是。

由小乘的自利解脫為本，在入於大乘的積極利他，唯當自利利他皆達圓滿完成，則所謂的成佛、所謂的人間淨土，皆是自然形成。唯在長遠累劫的修學過程中，凡眼前的一切人、事、物，就是最佳的學習良機，千萬不可再錯過。

佛土的遠與近

「刺史又問曰:弟子常見僧俗,念阿彌陀佛,願生西方,請和
尚說,得生彼否?願於破疑。師言:使君善聽,惠能與說。世
尊在舍衛城中,說西方引化經文,分明去此不遠。若論相說里
數,有十萬八千,即身中十惡八邪,便是說遠。說遠為其下根,
說近為其上智。」

在佛門的各宗派中,於現今具有廣面影響的,則當屬淨土宗。淨土
就是佛所居處的地方,佛在無量劫的修持中,依其行持與本願所完成的
淨土,其目的仍是為能接引與度化眾生。要言之,若眾生得能前往佛地,
也將在佛的教導之下,精進修持而成佛,其後再入娑婆以度化眾生。顯
然,往生淨土的關鍵,一方面是佛有接引力,另一方面則要眾生能深信、
切願與力行,兩者必須同時具備,也可以說:是一種他力與自力兩相結
合所產生的結果。

在不同的淨土中,最為人所熟知的,就屬西方阿彌陀佛淨土,與其
相關的經典有:《阿彌陀經》、《無量壽經》與《觀無量壽經》等,且依
其經文所述:「從是西方過十萬億佛土,有世界名曰極樂,其土有佛號阿
彌陀,今現在說法。」淨土法門之所以能具有廣大的吸引力,一則在於:
佛國淨土的殊勝妙境,絕非人間所可比擬。一則在於:只要能信願,且
持誦佛的名號,即得往生。如是的往生條件,對於一般眾生而言,顯然,
是一可行之事,且或感於現實人生的諸多不如意,則淨土確然是一究竟
返歸之地。

返歸淨土是人生一究竟之處,於是要如何才得前往,乃至淨土的環

境等，皆是學人所關心的問題。其中對於淨土的距離遠近，常是後人爭論之所在。依於經文所言，雖有十萬億佛土之遙，然又如經文所示：其人臨命終時，意不顛倒，即得往生阿彌陀佛淨土。顯然，往生的關鍵並非是距離的問題，而是在於信願的堅定上。故當刺史提問得生西方與否的問題時，六祖的回答是：「使君善聽，惠能與說。世尊在舍衛城中，說西方引化經文，分明去此不遠。若論相說里數，有十萬八千，即身中十惡八邪，便是說遠。說遠為其下根，說近為其上智。」或遠或近，是相對而論，里數的呈現也僅是一種概念而已，要言之，往生淨土的關鍵，是依於自身的修行，而非是距離的問題。

佛門強調修行的重要性，若為人心存邪惡，即或念佛不斷，仍與西方的清淨國土不相符合。同理，為人日行良善，自與淨土相應，若再有願往之心，則自能感應道交，淨土現前。且依於佛意，說遠說近，只是佛的方便說，若是上根之人，心淨就是佛土淨，換言之；實然並非是外在環境的問題，而是具有一顆安然之心以處世待人為要。也可以說：眼前的娑婆世界，其實就是釋迦牟尼佛的淨土。

心清淨則住處自安樂

「佛言：隨其心淨，即佛土淨。使君！東方人，但心淨即無罪；雖西方人，心不淨亦有愆。東方人造罪，念佛求生西方；西方人造罪，念佛求生何國？凡愚不了自性，不識身中淨土，願東願西，悟人在處一般。所以佛言：隨所住處恆安樂。」

有關淨土法門的論述，歷來在諸多祖師大德們的解析之下，相關的

論述可謂豐富多彩，凡有心修學淨土者，相信在如是的義理引領裡，應多能破疑而生信。即或是不識文字者，若能深信且一心持名念佛，亦將得佛接引而往生其淨土，此是淨土法門的殊勝處，誠可謂三根普被。

依於佛意，臨終者所見的淨土景況，實然就是依於清淨的自性所現，換言之；自心的清淨就是淨土。故如六祖所云：「東方人，但心淨即無罪；雖西方人，心不淨亦有愆。東方人造罪，念佛求生西方；西方人造罪，念佛求生何國？」後人或有對於淨土的若干疑惑，甚且在論辯淨土的真實與否時，若能將心的清淨視為修行的重點，才能得有最大的自在與輕安。

除西方淨土之外，尚有東方藥師如來的淨土，與彌勒淨土等，顯然，不同的淨土，是依於諸佛的願力所致。因此，凡修學者，在得以往生之後，亦必然再精進努力以建立自身的淨土。故六祖有云：「凡愚不了自性，不識身中淨土，願東願西，悟人在處一般。所以佛言：隨所住處恆安樂。」禪門的宗旨，以自性本心為修學關鍵，於淨土亦然如是。若能得識自性淨土，則東與西的方位，亦只是佛為度化眾生的善巧方便。

對於修學淨土者，首先須由「指方立像」為入手：方為西方，像為阿彌陀佛，如是可使學人有一明確的觀照。當如是的一心，如是的一念，如是的久久功純時，以清淨的自心本性，觀得眼前所面對的一切，在色中不受色相干擾，在聲中不受聲塵所困，若真能如是，則確然是：淨土是現現成成在眼前。

淨土與禪宗，兩者看似有其不同的意旨方向，然實際上各依於眾生的根性不同而設，皆是為引導眾生能離苦得樂為共同的目的。對於人世而言，眼前的生活是最真實存在著，如何在看似繁雜的社會裡，保有一分自得的心，終將是所有佛聖的最深期許，也是其教學方針的指導原則。

能專注於淨土的修學，能一心稱念以求往生，如是的學人，皆是今

人敬重的。如是的努力，如是的精進，也將為社會注入安然的氛圍。且若修學得力者，其所住處亦將獲有善神的護佑，此乃因於：「一切法由心想生」，唯當修學的人越多之時，即或尚未得到嘉祥，然其禍亦當漸漸遠離。故若想如佛所言：「隨所住處恆安樂」，則維持清淨的念想，將成為最大的關鍵，此中，若能一心持名念佛，確然是最為殊勝的妙法。

真性才是自身之王

「師言：大眾世人自色身是城，眼耳鼻舌是門。外有五門，內有意門。心是地，性是王。王居心地上，性在王在，性去王無。性在身心存，性去身心壞？佛向性中作，莫向身外求。自性迷即是眾生，自性覺即是佛。」

在現實的世間裡，不論是外在環境，還是一切的人事問題，此中，總有牽扯不完的一樁樁事件，也有難以釐清的恩怨情仇等，在如是境緣當中生活著，除非是極有善根者，否則，通常會深感其中所帶來的種種無奈與痛苦。且在加上自身因於時、空間的遷流變化，而逐步地邁向衰老與面臨死亡的課題，即或如此，卻又牽掛著尚未完成的各種責任等。總之，對於現實世間的感受，大多數的人恐怕都是「苦多樂少」。

正因於大多數的人，總感世間是苦多樂少，以是，佛菩薩的開示，即是為使眾生皆能離苦得樂。唯如何才能確然的遠離痛苦而趣往真樂，此中的關鍵，全然不在外，而是必須往自心本性以求。且細觀：最能擾動自身的情緒，莫過於因於眼、耳、鼻、舌、身的內五根，相應於色、聲、香、味、觸的外五塵，除此之外，尚有意根所引發的起心動念。如

是的總稱：每個人身上都有六座城門，只要能緊防城門，不讓外賊侵入，則自能保持清淨的本心本性。

如六祖所云：「心是地，性是王。王居心地上，性在王在，性去王無。性在身心存，性去身心壞？佛向性中作，莫向身外求。自性迷即是眾生，自性覺即是佛。」此是禪宗的義理關鍵，即或為人有六根外城門，但真正的主事者是我們的本性。性在則身心存，性去則身心亡，然常人往往是依於心意識而待人處世，卻忘卻我們有一如如不動的真性。於是，終日忙忙碌碌於應對一切的人事物，且到身疲力盡時，才猛然發現，實然一無所得，不但迷失本具的清淨本性，反增添更為堅固強硬的情執與恩怨而已，想來，實在非常的迷昧與不智。

唯一般人多是善忘的，若不能日日親近佛菩薩的教誨，遇事絕然又依於自身的心意識以行事，一旦後悔，則又痛改前非、改過自新，然若無法真確掌握緊依性王為自身的主導以行事，於是就會出現：日日犯錯，日日懺悔，輪迴又再輪迴，終無了期，或許這就是眾生啊！且觀在現實的人世間，又有多少是明白的人呢！

為人即或是財富萬貫，即或是位高權重，即或是聰明絕頂等，對於如何才能達到最自在的身心，可說是絕大多數人的期盼。佛菩薩的教誨始終在加持著眾生們，唯眾生的修學成效如何，關鍵仍在眾生的身上。唯有去除習氣，修證德行，智慧漸長，如是自能與佛菩薩相應。顯然，所謂的相應之道，絕非是向外的尋找，實然就是自身徹底地改變與提升。

本具自性彌陀與自性觀音

「慈悲即是觀音，喜捨名為勢至，能淨即釋迦，平直即彌陀。
人我是須彌，邪心是海水，煩惱是波浪，毒害是惡龍。虛妄是
鬼神，塵勞是魚鱉，貪瞋是地獄，愚癡是畜生。善知識！常行
十善，天堂便至。除人我、須彌倒，去邪心、海水竭，煩惱無、
波浪滅，毒害忘、魚龍絕。」

諸佛菩薩各有其不同的名號，其內涵則是依其修行功德而成之，故
有：「慈悲即是觀音，喜捨名為勢至，能淨即釋迦，平直即彌陀。」以是
而知：若能行持慈悲，則人人亦皆是觀音，同理；若能喜捨行，則可同
名為勢至，如是而推至一切的諸佛菩薩亦皆然如是。

諸佛菩薩是各依其修證而得成，修證的依憑，就是其本具的本性本
心。同理，若所有的眾生，皆能依其自性本心而精進行持，自得與諸佛
同一名號、同一功德。以是而知：「觀音」已然並非僅止於是一觀世音菩
薩的名號而已，實然就是一切眾生的自性本具的，換言之；人人都有自
性觀音，若能將自性本具的慈悲行於一切眾生，以救苦救難者，就是觀
音菩薩。

不但人人皆有自性觀音，更有自性釋迦、自性勢至、自性彌陀，乃
至自性耶穌等，顯可得知：若人人皆能將自性本具的性德呈現，則自與
諸佛菩薩同心同德，不但與諸佛菩薩同一名號，更是同一自性而成。

反之，為人若無法彰顯自性本具的性德，且因於貪瞋癡慢疑等所引
發的一切人我是非，一切的邪心、煩惱，乃至毒害、虛妄、塵勞等，如
是則將自性的清淨光明遮掩，要言之，就是因於習氣使然，以障礙自性

的彰顯，故六祖為大眾開示：「人我是須彌，邪心是海水，煩惱是波浪，毒害是惡龍。虛妄是鬼神，塵勞是魚鱉，貪瞋是地獄，愚癡是畜生。」顯然，如畜生、餓鬼、地獄等一切不善的呈現，實然就是自性迷昧所產生的樣態。

佛門各宗雖有不同的教化意旨，但共同的方向，總不離：斷一切惡、修一切善，五戒、十善可說是各宗的基本修行。故六祖云：「善知識！常行十善，天堂便至。除人我、須彌倒，去邪心、海水竭，煩惱無、波浪滅，毒害忘、魚龍絕。」若五戒、十善無法行持，則恐將失去寶貴的人身，以是，想依斷惡修善再進一步至「自淨其意」，將是更為遙遠而難以契及之。

清淨是本性本具的，學人若有心持之，則首先必由斷惡修善入手。為人一旦犯錯過多，內心的罪惡感，是旁人無法協助而泯除的。且即或不願、不想再重複以往之事，但深層的八識田中，其落謝影子更是難以刪除完盡的。雖言如此，然更不宜溺陷其中而自甘沉淪，此時，唯有更為積極的努力改過行善，當光明面越形廣大時，自能遠離負面的遮障干擾。

修證在於能出三界的家

「師言：善知識！若欲修行，在家亦得，不由在寺。在家能行，如東方人心善，在寺不修，如西方人心惡。但心清淨，即是自性西方。但依此修，常與吾同處無別。若不作此修，剃髮出家，於道何益。」

　　世尊當年在印度是以現出家相而度化眾生，帶領僧團過著托缽生活。演說法義的地方，多為當地仕紳長老提供的場所，隨從弟子不蓄財物、無有私人資產，由眾生供養的飲食、袈裟、臥具與醫藥，維持最簡單的生活。除此之外，日常多以清淨靜坐、思維冥想為主，度眾亦只是隨緣隨份而已。世尊奉行「日中一食、樹下一宿」的生活模式，如是的精神與意義，至今，仍有其追隨者。

　　在佛的弟子僧團中，主要有四眾之分，除出家眾的比丘、比丘尼，還有在家眾的優婆塞、優婆夷。雖有出家與在家的不同，但同為續佛慧命、護持佛法則為共同的目標。唯在領眾與講說經義的工作上，則多以出家眾為主；在家弟子則多以布施維護僧團為要。又因於住持佛法的工作在出家眾身上，於是，若能有志出家，則多受讚揚視其為難能可貴。

　　唯隨著佛法的流傳廣遠，其所遍佈的國度，亦各有其不同的氣候條件、地理環境與人情風俗等，於是，或有仍奉行出家僧團的生活；也有強調叢林制度，採依眾靠眾的方式；或許有更多的在家修行者等。總之，世尊時代所奉行的各種戒規，在其後的各種時、空間變化之下，修行的精神與方向或仍可維持，但生活方式實然是有甚大的差異。

　　如六祖所云：「善知識！若欲修行，在家亦得，不由在寺。在家能行，如東方人心善，在寺不修，如西方人心惡。」顯然，出家與在家，實然只是身分的不同所致，重點在修證的結果，要言之，如何將法義實證在日常生活中，確然能在生滅之相的世界裡，行證完成不生不滅的實相真理，如是，才可謂是真佛弟子。例如：當面對一切的逆境、屈辱時，唯因能轉得了境界，故自己得以成就時，則對方就是協助完成者，如是才能臻至「己成而人成」的境地；否則，彼此將成為冤家對頭，生生世世沒有了期，豈不哀哉！

　　修行確然是不分出家與在家，所謂的出家，其義是在能「出三界的

家」，至於身分的差別，則可視自己的環境而論，若各種因緣具足，出家
能有更多的影響力，則出家當為可行而應行之事。反之，則如六祖所言：
「但心清淨，即是自性西方。但依此修，常與吾同處無別。若不作此修，
剃髮出家，於道何益。」顯然，依自性清淨所證得的西方淨土，是在當
下的自受用，是當生的成就，也是學人應當精進致力之處。若想與諸佛
菩薩相應，實然就在自身的修證上，離此，則一切皆是外學。

成道資糧在於日用常行

> 「心平何勞持戒，行直何用修禪。恩則孝養父母，義則上下相
> 憐。讓則尊卑和睦，忍則眾惡無喧。若能鑽木取火，淤泥定生
> 紅蓮。苦口的是良藥，逆耳必是忠言。改過必生智慧，護短心
> 內非賢。日用常行饒益，成道非由施錢。菩提只向心覓，何勞
> 向外求玄。」

世尊要學人體證宇宙的事實真相：於宇宙而言，就是無生無滅，也
就是本沒有時、空間；對於個人而言，就是清淨的本性我本具足。對於
修證而言，即是如何在日常生活中，達至時空統一、體相一如的境地，
此並非是一種妄想，而是可以確然地在生活中體證而得。

多數人當聽到「時空統一、體相一如」時，或以為這只是科學的一
種說明，或以為這只是一種無法真實做到的玄學而已。然世尊的法義，
是實證之學，是可以因之而離苦得樂的，唯在理念尚無法完全釐清之前，
又加上世俗的種種紛爭、煩惱，導致人與人之間，只有彼此互為更多的
干擾。尤其對有心修證者而言，一方面於內無法確然把握，一方面於外

又有各種因緣的牽扯，當在內與外兩相夾襲之下，就可想而知其修證的困難與結果。

　　若能深悟地去領解「時空統一、體相一如」的真理時，此中的關鍵在「一如」上，簡言之，如何在相中行持以臻至體的境地，實然並非是一種高空而沒有邊際的修證。故六祖僅提出在日常生活中的規範而已，例如：首先必須先由孝養父母開始，與人相處能注重道義，彼此謙和忍讓等，如是的待人如己，就是先將自私之心捨離，且必由近處而漸次達至遠方。學人若能確然努力地行持之，亦將發現：當自己真實改變之後，才能影響且有利於周遭的一切人、事、物，此是確然可行的。

　　不論任何宗派的修學，一皆須由世間法的去惡行善為入首。即或是有心修學淨土宗者，其往生條件的淨業三福之一：「孝養父母、慈心不殺、修十善業」，顯然，若基本的人倫皆無法盡其本分，又如何得與淨土世界的諸上善人相應呢！六祖有一比喻：「若能鑽木取火，淤泥定生紅蓮」，雖言人世間有其複雜與辛苦，但卻是最佳的修行場所，若能轉得了境界，才有可能進一步的改變現況，此為學人最當努力之處。

　　不論他方淨土有多麼地令人嚮往，但如是的境界現前，皆是依於日常生活中的良善之行，是一自我清淨本心所呈現的世界，於是，當如是的理念明白之後，則一切終將回歸到生活點滴的細節上，如經云：「苦口的是良藥，逆耳必是忠言。改過必生智慧，護短心內非賢。」且觀如是的法義，就是一待人處世的良方。在人生的過程中，如何聽信忠言而深自懺悔，若能如實改過永不再犯，則德行的增長將指日可期。

〈定慧品〉定即慧、慧即定的定慧一體

定慧是一不是二

> 「師示眾云：我此法門，以定慧為本。定慧一體，不是二。定
> 是慧體，慧是定用。即慧之時定在慧，即定之時慧在定。若識
> 此義，即是定慧等學。」

佛門有基本的戒、定、慧三無漏學，戒是通於各宗的，無論學習任
何的宗派，即或有尊奉的經論不同，但一皆須以戒為修學基礎，則為共
同的要求。此三無漏學：是因戒而生定，依定而發慧，如是的順序，向
為各宗所共認。如：天台宗的智者大師，有「定慧雙修」的理論，定著
重於「止」，即念頭的清淨；慧則在於「觀」，即是思想知見，而「止觀
雙運」是天台宗的必修。

在修學佛聖之法的過程中，其目的不在學識的增長，而在日常的實
修上，簡言之，因於思想觀念的提升，行於生活點滴上，自能帶來幸福
安然的人生。且將此幸福快樂的方法，引導影響於他人，得令自行化他，
以完成人間淨土是為至善的目標。如是的方向原則，於各宗學派皆然行
之。至於，是天台宗的定慧雙修，還是如禪宗六祖所主張的「定慧不二」，

　　若細究之，實然並非有其根本上的差異。

　　依天台宗的修學，定與慧皆然不可偏廢，若以現今的語言而論：定是關於生理的修學，慧則是心理的修學，唯有身與心皆然健康，才能真實產生效益。若在生理修學上出現問題，則稱之「走火」；若是心理方面出現問題，則稱為「入魔」。於修學上，一旦出現走火入魔的情況，或有前功盡棄的危險，若因之而導致難以復原，則更是遺憾中的遺憾。故《楞嚴經》有「五十陰魔」的論述，如是皆是在告誡學人：修學當有善知識的引導，最切忌：自以為是、自高我慢。

　　如天台宗的定慧雙修，就是要學人維持身與心的自然健康，此定與慧，皆不可偏學，尤其初學者，若執定而不修慧，或執慧而不修定，皆極容易於法上產生執著，一旦有所執著，去執反又成為另一門困難的功課。學人若能依定而產生慧，如是之定，則並非是無思無慮，同理；若能慧中有定，則如是之慧，才不會成為狂慧。如是而知，定慧雙修實然有其根本的原理與重要性。

　　再細觀六祖的定慧不二，正是在定慧雙修後的自然提升，故如經義：學人若真實有定力，於定中必然能產生慧，亦唯有定中有慧的定，才可謂是真定；同理，真實之慧也必然依定中而產生，亦唯有慧中有定的慧，才可謂是真實的智慧，以是而知：定慧確然是不可二分。

　　在定與慧的修學上，不論是依於順序的修學，亦或是定慧圓融為一，如是皆在說明：於修學的漫漫長路上，腳踏實地的重要性。定與慧的修持，皆須長時的熏習以得，若自讚毀他地自以為足，而輕視其他法門的相輔相成的作用，如是皆是造成弊病之因，同理；亦不宜道聽塗說而莫衷一是，學人皆須戒之！慎之！

諍先後徒增我執與我慢

> 「諸學道人，莫言：先定發慧，先慧發定，各別。作此見者，
> 法有二相。口說善語，心中不善，空有定慧，定慧不等。若心
> 口具善，內外一如，定慧即等。自悟修行，不在於諍，若諍先
> 後，即同迷人。不斷勝負，卻增我法，不離四相。」

禪宗的主要論義：「自性能生萬法」，以是而知：凡眼前所見的一切相，皆是依於自性而生；或更明確的說：性與相本是一體而不容分割。若如是的見地，學人能確然明白，則對於六祖一再地強調：「定慧為一」，自能明悟此乃立於以「性」為本而論之。

同理，若依於在相、法上而論，則個別差異之相，自有其不同的呈現；若依於修行而論，則自有其階次的不同。顯然，不論是天台宗的「定慧雙修」，或禪宗的「定慧不二」，實然並非是有其根本上的分歧，而是所論的層次不同罷了！又如六祖的得法偈：「本來無一物」，此乃立於體上為論；而神秀的「時時勤拂拭」，則是立於相上的修行而言。

且觀六祖所論，若學道人自以為是：「先定發慧」，或「先慧發定」，如是的知見者，則是在相上的爭論，就是：「口說善語，心中不善，空有定慧，定慧不等」的修行人。顯然，六祖要學人的真修真悟，是一種能行於世間而體證「性相一如」的生活。

同理，「若心口具善，內外一如，定慧即等。自悟修行，不在於諍，若諍先後，即同迷人。」如禪宗所論述：「平常心是道」，唯有能等持觀照一切法皆無生無滅，才能真實契合六祖的教誨。反之，若學人落於在口頭上的爭辯，如此，不僅沒有斷絕爭勝之心，反又增加我見的執著。

學人一旦產生我見，則我執、我慢、我固必接連而起，當如是之時，要想體證如《金剛經》所言：「凡所有相，皆是虛妄」則將漸行遙遠。

當社會上的物質漸行豐厚時，或當人們越發沉溺於物質生活的享受時，則精神與心靈的提升，將更不易被重視與實行。尤其，對於性相一如的生活體證，恐更被視為是一種打高空的理論而已。然若能細心體察，且觀歷代諸佛菩薩的所言與所行，其生活的儉樸，其自律的典範，其利人的無私，實然皆已為後人作出榜樣。顯然，唯有精神與心靈豐富時，則生活的悠然自得、幸福快樂，是為必然。

凡有心修學佛聖之道者，當處於人群互往時，如何常保一顆清淨、平等之心，實為最重要之事。當遇到理念不同的人，若執意與對方爭辯，此中，除增加彼此嫌隙、擴大距離之外，實然於人事的相處上毫無助益，且若想進一步度化對方，則將更形困難。反之，若先能以平常心對待，如理如法的協助其困難，當對方感受到人情溫暖時，才能拉近關係而引導對方。

由燈即光之喻論體相一如

> 「善知識！定慧猶如何等？猶如燈光。有燈即光，無燈即暗。
> 燈是光之體，光是燈之用。名雖有二，體本同一。此定慧法，
> 亦復如是。」

在佛門的修行上，戒、定、慧三無漏學，必須由持戒入手，實乃因於若在行事上，只想要他人順著自己的意見，而無法忍受任何與己相悖的人、事、物，如是的處世，將為自己的人生帶來甚多的困境。尤其是

面對攸關眾人之事，如何將不同的意見整合協調為一致，在此過程中，可訓練放下私己的執著，是具有持戒與忍辱的修行在其內。

　　為人一旦能具有持戒與忍辱的養成，則自我的執著與習氣亦逐漸在修正中，當情緒的控管能力越趨沉著時，此中，已然具有定力的增長。而定力的穩定程度，才能確保知見層次是否成熟。顯然，戒、定、慧三無漏學，實然是有其歷程與階次。

　　然再細思此三無漏學的彼此關係，實然又是三者不容分割的。如：智慧的層次高低，將決定持戒的圓滿與否，一個越是具有智慧的人，是不會任意發脾氣的，他將在適當的場合說出恰如其分的話，他不會肆無忌憚，更不會口無遮攔，當然，也不會任由他人的擺佈。簡言之，具有慧者，其中已然具有戒與定。同理，持戒嚴謹的人，將可助成其定力與智慧的增長。而一個深具定力的人，則其持戒與智慧將更具穩定與持續。由是可知：戒、定、慧三者確然是一非三。

　　六祖為使學人能更明瞭定慧不容分割的道理，特別以燈光為喻，有燈即有光，有光即有燈，如云：「燈是光之體，光是燈之用。名雖有二，體本同一。」此於定與慧的關係是如此，實然於一切法的存在皆然如是。如禪宗的要旨：「自性能生萬法」、「萬法由心想生」，萬法與自性的關係，實然就是一體。簡言之，一切法性本源，其本就是「體相一如」，當吾人的一念無明起，不但宇宙與我，乃至一切的存在，實然皆已具有。

　　凡一切存在皆是由我的自性所產生，學人在如是的見地上，若能深悟領解，將對宇宙與人生有不同的態度與作為。若以修學而言，佛就是為人本具的性德流露，菩薩就是修德的榜樣，此是修學上的學習目標與境地。在個人的處世上，一切生命都是我，則於尊親能敬奉、孝養，於手足能愛護、互勉，於朋友能講道義、守信用。於人是如此，於其他萬物亦應如是：不因貪口腹之欲，而恣殺牲禽；不因微小如螞蟻昆蟲而任

意殘害。為人若能於生活上處處謹慎、深具同理心,自然感得天地萬物的和諧相待,此即為「天理好還」之道。且觀不論是正史的記載上,亦或是稗官野史與民間傳說,因於愛惜萬物而得以獲益或延壽,或因於殘殺生靈而得禍害或短命,如是之論皆可為後世帶來一定的警惕。

依一直心行於日常生活

> 「師示眾云:善知識!一行三昧者,於一切處行住坐臥,常行一直心是也。《淨名經》(即《維摩經》)云:『直心是道場,直心是淨土。』莫心行諂曲,口但說直。口說一行三昧,不行直心。但行直心,於一切法勿有執著。」

在滾滾的紅塵中,在人事互相傾軋之下,對於多數的人們而言,總期望能在工作之餘,在一切關係的相待之外,能有屬於另一方的淨土,可供思緒的釐清與靜慮,可以放下人際經營的牽絆等。於是,在一方的福德、因緣具足之時,在一切的人、事、物已然成熟之際,各式各樣的修道場所,也應運而生。它可能為地方帶來另一番氣象,它也可能成為一方相同理念者的聚會所在,它更可能是多數人精神糧食的來源,總之,道場的產生,自有其一定的機緣與作用。

於是,或有一種情況的產生,就是當生活越來越仰賴道場的人,也因於在道場中的正向養成,使其人在各方面皆有大幅度地提升,此是道場所帶來的正向能量,而這也是多數人所期待的目標。唯如何維持與提升道場的正向發展,更是道場的主持者與參與者所共同必然的努力。

然或許也有如是之人,當身處於道場之時,是較願意無私地付出與

奉獻，不論是財力還是人力，皆然如是。唯當再度回到工作場合，或再回到日常的生活人事環境裡，或因於面對的人、事、物不同，於是，原來的習氣、態度又再度浮現，終形成在道場與在工作生活裡，有兩種不同的心情與樣貌。如何調整乃至圓融做到道場與工作是一非二的境地，則是學人應致力之所在。

六祖引《維摩經》所云：「直心是道場，直心是淨土。」就是要學人明悟：道場或淨土，實然就在自身的本心上，並非是有另一區域性的道場或淨土。唯有形的道場或淨土，僅能是一種暫時方便的施設而已，真正能了脫自在的源頭，就是自己的本心。然對於一位初學者而言，有善知識主持的道場，有好的同參道友相伴，實然在修學上是一重要的助緣。若缺乏善知識的引導，若無有善友的相互切磋，除非自身資質不凡，否則，在修學之道上，亦可能容易產生迷惘與退轉。

六祖所強調的「一行三昧者，於一切處行住坐臥，常行一直心是也。」三昧是梵語，義譯為「正定」，凡能在日常生活中，保持一直心，則所在處就是淨土，就是道場，能如是之行，就是一行三昧，簡言之，就是以直心待人、應事、接物。所謂以一直心而行，其中的重點就是：「莫心行諂曲，口但說直。口說一行三昧，不行直心。但行直心，於一切法勿有執著。」在修學之道上，一切皆要實修實證，若心口不相應，於己實然不能有所「正受」，一切終將流為口頭禪而已矣！

心不住法的大我精神

「迷人著法相，執一行三昧，直言常坐不動，妄不起心，即是

一行三昧。作此解者，即同無情，卻是障道因緣。善知識！道
須通流，何以卻滯。心不住法，道即通流。心若住法，名為自
縛。」

佛門有最根本的三法印：諸行無常、諸法無我、一切皆苦，若能依
此三法印而解悟以行，則可證入寂靜涅槃。「涅槃」義譯為「無生無滅」，
何為無生無滅的境地？此是歷來修學者最難領悟的，於是，對於無生無
滅的臻至方法，也就多有不同的論述與修行之道。在禪宗法門中，則多
有以靜坐來達至妄念不起，以保持心念未起前的空靈性境，此即禪門所
言：「父母未生前的本來面目」。

唯若能細思無生無滅的意境：當妄念不起時，也只是不生而已，其
後尚有無滅之義，故若自以為妄心的不起不動，即是寂靜涅槃，則可謂
是錯解如來真實義。如：《金剛經》所論：「應無所住而生其心」，無所住
即是無生，生其心則是無滅。簡言之，於修學佛聖之道上，必先立於無
所執的境地，再依此境地以行利他度生之事，才能應合佛菩薩之心、之
行。

吾心本活活潑潑，待人、應事、接物本自自然然，事來則應，事去
則靜，此是本心的自然應對。然吾人在歷劫的生死流浪中，因於習氣情
執的不斷增長，於是，將此清淨的本心染上塵垢。以是，在處世應對之
中，總將我執、法執置入，合己之時，則貪戀不已；逆己之時，則瞋恚
生焉，於是，以妄心取代本心則成為吾人的習慣。故歷來各宗學門的祖
師大德們，或要學人以靜坐方式，將接續不斷的妄念止息，然如是的修
行方式，或有可能又造成學人溺陷其中，終日只想靜坐用功，除卻此事
之外，於其他則毫不關心與興趣。

唯真正的佛聖之道，是一種與宇宙虛空同為一體的大我精神，於是，

儘管自身的清淨是重要的，然當執有一「常坐不動、妄不起心」的「我」，實然又形成另一執著之處，故六祖總言：「善知識！道須通流，何以卻滯。心不住法，道即通流。心若住法，名為自縛。」

在中文的造字上，「囚」是人被四圍的框架所阻限，以是而知：人若自以為有一我相、我見、我執、我慢，則將以外相為知見的執著，依之所產生的我慢，而受困其中成為囚犯。反之，只要將四圍的框架拿開，則大我就現前，而並非無有一個「我」。

佛法論述的根本是無我，此是大多數學人所甚難理解的，以為一切皆無、皆空，唯空正是對於執有的破除。佛最終的證悟是大我，而大我正是由小我的突破以現，是以全天下的人皆是我，大我的精神，就是救護、慈愛全天下的人，若能行如是的境地，就是證空，就是行不住法之道。

靜坐的返照之心

「善知識！又有人教坐，看心觀淨，不動不起，從此置功。迷人不會，便執成顛。如此者眾，如是相教，故知大錯。」

對於一般人而言，當年過半百之後，大抵人生的酸甜苦辣多有嘗之，世俗人情的冷暖亦多有體會，於是，將繁華落盡，回歸清淨的修行，此可謂是大多數學人的傾向。於是，靜坐觀心無疑是一清淨自修的最佳方式，也是遠離人群塵囂的方便之道，如是的心境確然可以同理之。

唯所謂的清淨，並非是遠離人群而得，若僅是個己與人少往來、少互動所形成的清淨生活，如是的清淨，也只能是一相上的清淨而已矣！

佛門所謂的清淨，是一種與實相契合的境地，換言之；清淨就是接近實相。宇宙人生的事實真相，就是一切法皆是因緣而起、因緣而滅，當聚之時，歡喜處之，當散之刻，亦歡喜自在。如是的清淨境地，已然非是遠離人群所有，是一處世的超然清淨，此亦是禪宗第三關：「見山還是山、見水還是水」的清淨自如。

「禪」有「靜慮」之義，安靜思慮可謂是禪門的特色，於是，禪宗的學人多有養成靜坐的修行時間與習慣。且為求靜慮的專一與持續，於是有各種不同的修行方法，例如：最常見的念佛法或數息法，學人可各依自身的習氣，而採取相應的方法。至於，靜中所出現之境，祖師大德總告誡學人：「凡所有相，皆是虛妄」，要學人對於任何靜中所現之相，皆須淡然處之，若能淡然，則一切相皆是好相，反之；若有一執著，則一切相將成為魔境。如《楞嚴經》「五十陰魔」的論述，就是最佳的指導原則。

當學人一旦喜歡靜坐，亦或於靜中常有境界出現，此於多數學人而言，若無善知識的從旁一再地指引，有時，是極容易以之為真正的修行。然不論靜坐的功夫有多麼地深，出現的境界有多麼地殊勝，學人終要起坐，終要面對生活，而在應對人群時，最重要的就是智慧。以是而知；靜坐所保持心的專一與持續，如是的修行，皆是為使學人能將靜坐的清淨功夫，應用於日常生活的待人、應事、接物上，此才是靜坐的真實目的。

六祖為免學人錯解靜坐的用意，故特為教誨：「善知識！又有人教坐，看心觀淨，不動不起，從此置功。迷人不會，便執成顛。如此者眾，如是相教，故知大錯。」如是的教誡，並非是否認靜坐的修行，而是不可將靜坐視為最終或唯一的用功所在。如六祖之所悟：「萬法在自性中」，吾人的真性本是大定，實然不須頭上再加頭。然在繁雜的人情世故裡，

能有一舒適的場合，能得一清淨的片刻，此無疑亦是生活中的一大享受。待離卻之後，將此清淨之念，持續於應對一切的人事物，即或無法盡如人意，但願多些返照之心。

人有利鈍故法門有頓漸

> 「師示眾云：善知識！本來正教，無有頓漸，人性自有利鈍。
> 迷人漸修，悟人頓契，自識本心，自見本性，即無差別。所以
> 立頓漸之假名。」

佛開八萬四千法門，是為對治八萬四千煩惱，顯然，法門的設立，是為因應不同眾生的需求而已。不同的病症，其所能治癒的藥物與方式自是不同，以是而知：重點在能將病症解除，而並非是藥物昂貴則是上品。同理，法門主要在消卻煩惱，並非其本身有其高下之分，凡能對治煩惱的法門，於修學者而言即是相應之法。

唯歷來對於法門的揀擇，多有自以為是的互為譏評，於是產生教與禪的互為相爭。或學教者多以解為重，故評學禪者的以行為主，然依於修學者而言，解與行實然是互為一體。也因於佛教內部教與禪的互爭，才有後來「教禪一致」的提出。顯然，不論是任何的法門，其重點在以能相應為要。所謂的相應，又與自身的工作、環境與習氣有決然的關係。此中，除是法的相應，還有人的相應，若能法與人兩相洽合，實然就是最佳的修學狀況。

在禪宗的傳承中，神秀所弘傳的稱為「北宗」，六祖所傳衍的稱為「南宗」，然南北兩宗的爭執，並非起於兩位大師，而是起於兩宗的門人，其

目的是為爭何者才是禪宗的正宗。更為評比兩宗的不同，故有「南頓北漸」的說法：以六祖所傳為頓悟之法，以神秀所傳為漸修之法，而南頓北漸就代表著「南能北秀」。

唯南頓北漸的分別，亦僅只是門人的相爭而已，於兩位大師實然毫無任何的爭論，更是互為稱許之。對於修學者而言，在逐步修習的過程中，這就是漸修；然一切的漸修，其目的仍在頓悟。故漸與頓的差異，實然並非是法門上的分別，是因於眾生根器以論。如六祖所言：「本來正教，無有頓漸，人性自有利鈍。」人因於秉性的不同，也因於各項外在因素的差異，故適合的法門自有不同。

且由歷史的傳承中以觀，任何宗門的興衰發展，自有其不同的狀況，實難有一固定的模式可依循。或可簡言之：應於當是時，則能發展興盛；若不能相應於當是時，則將逐漸退去。不論宗門如何的發展，不論修學方法如何的更迭，不變的是：修學佛聖大道，是為使人恢復本具的德性，以創造最為完善的人間樂園，故六祖總言：「迷人漸修，悟人頓契，自識本心，自見本性，即無差別。所以立頓漸之假名。」

對於頓與漸的差異，六祖已言之甚詳。一切的漸修終究是修學的基礎，當漸修趨於成熟時，自然有所悟入，故常日間的「時時勤拂拭」，仍是學人須自我勤勉的所在。待由有修有證，再提升至自然無為的無修無證時，如是的無，並非是毫無修證，而是一種自自然然的天成。

無念為宗：於念而無念

「善知識！我此法門，從上以來，先立無念為宗。無念者，於

念而無念。善知識！於諸境上，心不染，曰無念，於自念上，常離諸境，不於境上生心，所以立無念為宗。無者，無二相，無諸塵勞之心。念者，念真如本性。真如即是念之體，念即是真如之用。」

禪宗有所謂的「三無」：無念、無相、無住，此三無，其重點在「無」字的解讀上。常人多以為「無」就是一切皆虛無，是什麼都沒有，是什麼都不要，然若依如是而理解佛義，若依此而修行，則極容易入於斷滅論，或對人生充滿消極、了無生氣，此皆是對於「無」的錯解所造成的結果。且觀歷代諸佛菩薩，於其有所證悟後，皆是積極入世行遊教化，且隨其因緣而廣度無量眾生，要言之，若真能明悟佛一生之所行，則將不自以為無所事事才是究竟的清淨。

唯佛教傳入中國之初，當是時人對於佛門的「空」，是難以明晰其真義的，因此，在魏、晉時期，多以道家的無，來解釋佛教的空，故此時期稱為「格義佛學」，此中的「格」，是「比附」的意思，也就是利用其他外典的相關字義來理解空。然道家的無，是一種對於形上道體的描繪狀態，要言之，形上的道體是一種無有形跡的存在。佛門的空，是一種對於存在之相，能不執著、不分別，若能達至如是的境地，則稱為「證空」。因此，所謂證空的人，就是能處於複雜的環境當中，皆得以自在的人，亦可言：其心境是不受一切的人事境緣所影響，其如如不動的心境，則如佛門的名句：「百花叢中過，片葉不著身」，這就是證空者的境地。

因於，禪宗有教人靜坐的修行，於是在靜坐當中，如何才能常保心念的清淨，此確為用功之所在。然對於常人而言，又容易誤以為在靜坐中保持「無念」，就是最高的功夫，且又自以為無念，就是毫無有任何一念頭，然如是的理解，不但誤會靜坐的目的，亦是對於「無念」的錯解。

　　靜坐是一種心境維持清淨的方法之一，但為人不可能永遠不起座，故如何將靜坐時的心境，應用於日常生活中，此才是真正的功夫所在。禪宗的重心是置於平常之上，故六祖特言：「於諸境上，心不染，曰無念，於自念上，常離諸境，不於境上生心，所以立無念為宗。」顯然，是如何在諸境上，不起染著之心，而並非是遠離一切的人事境緣，唯如是的理念，或於學人是可理解的，但於修學而言，則是終身的努力奉行。故「無念」不是毫無一念，而是「念真如本性」，簡言之，如何在日常生活上，保持念念的正念分明，唯如是之念，才是真如之念，也就是禪宗所立的「於念而無念」。

無相為體：於相而不著相

> 「立無相為體。無相者，於相而離相。善知識！外離一切相，名為無相。能離於相，則法體清淨，此是以無相為體。」

　　凡眼前所見的一切人事物等，皆可總稱為「相」，在哲學上或曰：現象界、物質界。於哲學的論說上：凡現象界的一切，皆是依於本體界而存在，簡言之，本體與現象是一非二。既言是現象界，故凡所呈現的一切物質，也僅僅就是一種暫時存在之相而已。既是一種物質之相，故其將在時、空間的遷流變動中，而剎剎那那地生滅、滅生不已，且因其密移的迅速，於常人是無法察覺明知的。正因為無法體證存在之相的變動無常性，故多以所擁有的一切為常有、常在，於是，當自以為本擁有的一切，產生無法預知的變化時，在無法坦然接受的當下，各種愛恨情仇的糾葛，也因是而生起，故謂苦惱的人生。

　　顯然，所謂人生的苦惱，並非是人生本具有的情況，而是因為無法觀照存在之相的真實面貌，所產生的誤解。要言之，如何突破對存在之相的真實體證與觀照，才能趣向快樂人生之道。然禪宗立「無相為體」，並非是要學人否定存在之相，因為吾人正處於一切物質之相中，我們或也真實感受到一切人事物的存在，而我們也正對應著一切的境緣之現，因之所生起的喜怒哀樂，吾人亦深刻地領悟著。簡言之，無有任何人是可以真實遠避一切的物質現象的，即或是獨自一人跑到深山，仍須面對一切大自然的存在之相。

　　為人既然無法遠離一切的物質現象，於是，如何才能在現象界中安然自在，此即是修學的重點，亦是待人處世的關鍵所在。顯然，並非是現象界帶給人們苦惱，而是對眼前現象界要有正確的認知，既知一切皆是變動無常，故當面對任何的情況發生時，能安處之，安應之，安放之，自能有不一樣的風光與心境。物質現象既是無常性，同理，為人的心境也是變動無恆的，凡一切的苦惱悲痛，亦將在時、空間的流動中而漸次改變乃至消退，以是而知：苦惱的關鍵在此，自在的關鍵也在此，且看個人的抉擇。

　　禪宗立「無相為體」，然所謂的「無相」，並非是對「相」的否定，而是對於相的不執著，故又言：「無相者，於相而離相。善知識！外離一切相，名為無相。」重點在「於相而離相」，為人是無法遠避世間的，即或遠避之，亦並非可以保證可以帶來安然自在，唯有自身能具有主導心境的能力，才能真實具有自在的身心靈，故總言：「能離於相，則法體清淨」。禪宗的修學，是一種生活的美學，是一種平常心即是道，是一種真實在當下，是一種不離吃、喝、拉、撒、睡的日常，也唯有能視無常為平常，才能活得出真實的日常。

無住為本：念念不住即無縛

> 「立無住為本。無住者，人之本性，於世間善惡好醜，乃至冤
> 之與親，言語觸刺欺爭之時，並將為空，不思酬害。念念之中，
> 不思前境。若前念、今念、後念，念念相續不斷，名為繫縛。
> 於諸法上，念念不住，即無縛也，此是以無住為本。」

對人生而言，今天是昨天的相續，在今天之中，同時也在計畫著明
天、盼想著明天，於是就在昨天、今天、明天的相續相待中，我們感覺
到自己與一切的存在，正因為我與一切都不落空，於是感覺到活著很有
味道、很有目標。

然就在自以為一切皆不落空的同時，若能細思之：我們似乎也總是
活在昨天的陰晴之下，以及對未來永無止盡的規劃與追求，於是，就在
對昨天的緬懷，以及對未來的目標設定之下，於是，今天就理所當然的
如是而度過。且不管如何，日子總是要過下去的，也永遠在昨天、今天、
明天，如是的一天又一天、一年又一年。顯然，對於世俗人情而言，「住」
才是重要的，住才能證明自己的存在，住才能說明凡走過必留下行述。

即使一切事物雖終究無法避免「成、住、壞、空」的過程，然在能
「住」的當下，則仍須努力以行之，此理，應確然如是的。然或許正因
為長久以來所積累的習氣，我們早已視住與常住為生活之要。於是，即
使是二、三十年的前塵往事，是一段令人不喜面對之事，則三不五時地
一再提起，每提一次，則情緒必然又再波動一次，日復一日地，無形中
帶給身邊無辜之人，一種難以承受之重，而自己卻毫無所覺，有時更會
變本加厲，不但造成自己的鬱悶寡歡，也為身邊的人帶來甚多的無形枷

鎖與壓力。

　　顯然，不應住的卻執念不忘，則將成為自、他更嚴重的傷害。至此，若能有所體悟，則對於禪宗所立的「以無住為本」，理應能頷首同之。誠如六祖所言：無住的重點，是在於當蒙受他人言語觸刺的當下，不但能視之為空而不思酬害，若更能領悟其是在考驗自己的智慧與定力，可謂是另一種的逆助、逆增上緣，至此，則反而能感恩對方，確然地化解一切的恩怨情仇。顯然，我們無法控制他人的言行舉止，但自己的應對之道，則可由自己掌握之。

　　常人雖習於常住，然若仔細體證之：我們大多的時候，也幾乎是處於「無住」的狀態，例如：我們大多早已忘記昨天的早餐吃什麼？許多的事情即使在他人的提起之下，仍是渺渺然然毫無印象的，如是的情況、如是的事件可說是佔生命的大多數，想想：無住也可以說就是人的本性。為人若想瀟灑自在地過日子，則對於六祖所言的：能於念念之中，不思前境。將念念相續不斷的繫縛，轉為在諸法上，念念不住的無縛，自有不同的心地風光。

〈坐禪品〉一切處心不動，語默動靜、行住坐臥，無往不禪

 靜靜坐著的靜坐

「師示眾云：此門坐禪，元不看心，亦不看淨，亦不是不動。」

　　佛學發展至今已三千多年，且觀各宗學派其興衰的歷程，唯無論如何，佛學的發展與興衰，皆與當是時的環境與人事有密不可分的關係，簡言之，若能應於當是時，則能開演興盛，反之，則將漸為時代所遺忘。

　　在現今繁忙的社會裡，在人際關係極為高度往來的時代，在面對資訊傳播瞬息萬變的當下，多數人皆有若干程度的不同壓力，於是，與精神相關的各種疾病，如：憂鬱症、躁鬱症等，犯病人數有逐年攀升的現象。或許是來自於多方的因素，然若仔細觀察：在各宗學派的發展中，若是理論過於龐複的修學系統，其親近人數，是無法與簡易、單一的方式相比。如：淨土宗與禪宗，前者強調一心持名念佛，將繁雜之心置於一念，對於日處於繁雜的社會紛爭裡，如是的單純的修學法門，無疑是一帖清涼劑。禪宗則要求學人能抽出時間靜坐、靜心，將各種的紛亂心思暫且放下，此無疑是獨得與自我相處的一段時光。

　　其中對於禪宗的靜坐過程與方式，或因於親近的善知識不同，或因

於個人資質的差異，於是，所接受的教導亦各自有別。如六祖對於靜坐的方式，特別提出有三點：「此門坐禪，元不看心，亦不看淨，亦不是不動。」在靜坐的過程中，如何將紛雜之心置於一處，如是之說，看似容易，然實行起來，凡有經驗者，皆可發現：對於多數人而言，繁雜之念是無法有片刻安靜的；有時還會發現，不靜坐還好，一靜坐則更感覺到思緒雜亂，甚至是幾十年前之事，於常日間本是不再起念的，反而一靜坐，所有的前塵往事，更是一幕接一幕，如是，到底該如何了得呢！

於是，各種使思緒靜下的方式，則因應而生，或言：眼觀鼻、鼻觀心，以此方式來止念。或有以數息方式，在觀照一呼一吸間而淨心。亦有以念佛的方式，將心念置於佛號上。凡以上的種種，皆是因人而異的使用。然如六祖所示：不看心、不看淨、亦不是不動。如是的教誨，實要學人在修學靜坐的當下，萬不可執於任何的一法。或許所謂的靜坐，就是靜靜的坐著，念起、念滅，則隨其起、滅，只要靜靜的坐著。

或許對於多數的學人而言，在靜坐的當下，有一種急於將思緒停止的念頭，於是，想趕快應用各種方式將心念止息，唯如是的心急，反造成自己內心更多的負擔，於是，越坐越不清淨，越坐越坐不住。若能如六祖所示，先將看心、觀淨的心念放下，就是靜靜的坐著。當時間漸次深層時，當漸漸坐得住時，當漸漸有止念的狀況時，六祖又再一提醒：「亦不是不動」，顯然，又並非是落於昏沉無記空的靜坐。想來：確是如人飲水，可以明之。

知心如幻，故無所看

「若言看心，心元是妄。知心如幻，故無所看也。」

在如是繁忙的社會生活著，一日復一日，一年復一年，或許對於大多數的人而言，這就是理所當然的日常，這也就是人們所謂的生活與生存，也唯有如此才能稍感自我生命的存在價值與意義吧！唯人性大多是喜新厭舊的，也大多無法接受一層不變的生活樣態，於是，在常態的模式之下，也想另尋不一樣的活動方式。於是乎，各式各樣的娛樂設施、觀光旅遊等，也就日新月異而興盛不衰。

除工作與娛樂之餘外，另有一類人，其知見畢竟有所不同，其能深刻感受到：如何得令生活得更安然自在，其關鍵點在自己本身，而「心」就是一切言語、行為的主導者，於是願意將更多的心思用功於此，願將生命的重心置於此，如是之人，則將更具機緣而接觸到佛聖之學。

人的一生，受之於物質的比重，實然是有限且較輕微的，受之於精神、心靈的影響，是較深刻且廣大的。簡言之，為人若能有豐富的精神與心靈生活，即或物質稍顯平常，亦足以感受到幸福與快樂。且觀歷代各宗的祖師大德們，其修學的內涵與方向，大多是置於「安心」之法上，依此原則之下，於是乎，對於如何才能得致心安的方法，則各宗又有其不同的修學要項與階次。

對於安心之法或有不同，但靜坐可說是入門的一重要功課。不論是採取任何的方式，其目的就是期望能達至：將意識心趨於穩定的狀態。為人若能在處世待人之中，多以本心處之，則紛爭自可遠離之，反之；若多以意識心與人相處，則自讚毀他、摩擦隔閡於是生焉！

唯對於靜坐的過程，六祖特言：「若言看心，心元是妄。知心如幻，故無所看也。」這是對於將靜坐視為是一種「觀心」的教誨，雖言安心是修學的主要功課，但若執於有心可觀看，此顯然是將心視為是一種有形之物；然在現實的印證之下：「覓心了不可得」，此心絕非是意指肉團心，此心是一種無形，但又無所不在地應對於日常生活中。

若將靜坐視為是在緊張生活中的調劑，靜坐可使自己能得片刻的靜、淨、敬，依此心境再返歸常日生活裡，則必能有不同的應對與助益，此是視靜坐為一修學之法而已。若能如此，於可靜坐之時，則樂享之；若時間不允時，則亦自在無所執，若真能如此，才能契合靜坐之目的。反之，若執於有一靜坐之法可觀心，且執於常坐不想起、或不願起，甚或以之為究竟處，此則與佛聖之行的活潑利他實然相背反。過猶不及皆是佛聖之所忌，若不能靜，則無法自處；若不能動，則無法利眾，唯有靜動兩相宜：靜則度己、動則度人，當能離卻兩邊之時，則得中道之旨。

但無妄想，性自清淨

「若言看淨，人性本淨。由妄念故，蓋覆真如。但無妄想，性自清淨。」

靜坐是養成定力的初步功夫，在本習慣於躁動、繁忙生活的人，靜坐無疑就是另一種休息的時刻。然對於有心修持定功的人而言，靜坐過程與使用方法的適當與否，將是獲得定力淺深的關鍵。於是乎，對於相關修定的方式，對於有心的學人而言，是甚為重要之事。

如前所言，六祖告誡學人：「心元是妄，故無所看」，故靜坐並非是

僅止於觀心而已。若靜坐不在於觀心，那靜坐是否就是看淨呢？此如六祖所示：「人性本淨」，既然人性本大定，若言須看之，此乃頭上加頭，實然多此一舉。然如果人性真的本大定，又為何須透過靜坐的功夫來達至定力呢？依六祖之言：實然是起於妄念的原因，要言之，是因於妄念之故，覆蓋真如的清淨本性，故並非是要看淨，主要在於去除妄想之念即可。顯然，靜坐既非觀心，也不是看淨，然透過靜坐的養成，可漸次捨離妄想雜念，以復我清淨本性，此為靜坐的目的之一。

在無量世的生死流轉之中，人們早已習慣於其所言、所行，且觀：即或是剛出生的嬰兒，已是個個不相同，或安然、或敏感，恍若有著前世的記憶與習氣呢！也因於各帶著與生俱來的影子，又再加上後天不同的人事境緣等，於是，人與人之間的差距，也就漸行漸遠了，此確然不足為奇。如《三字經》所言：「人之初，性本善。性相近，習相遠。」人性本善、本淨、本定，此為佛聖對於人性的必然肯認，正因為人性本善、本淨、本定，故凡是不善的、染污的、煩惱的，皆可透由修學而去除之，同理，也可因於精進努力而逐漸恢復本具有的善、淨、定。

顯然，困難之處，不在於本有的，而在於如何去除本無的，簡言之，捨離的功夫，才是修學的第一步。因為早已習慣逐漸地擁有與獲得，故對於捨離與放下，往往不是一件容易之事，須有長年累月的養成功夫。對於修學者而言，捨離的範圍，可以先從物資入手，可以檢視：已經用不到的物品，或可轉送他人，乃至放置於二手市場，以供需求者的使用，如是，一方面可以延續物命，一方面可以逐漸養成捨離的心態。

正因為對於常人而言，面對當要捨離所愛之人與物時，總會帶來極大的痛苦與煩惱，故知見的建立，將攸關對於人事境緣，在改變當下的應對態度。若能立足於真理實相，則知：無一人、無一事、無一物不是自己，簡言之，凡眼前所見的一切，皆是自己。一切人事物或呈現、或

往來，只是一種短暫的存在而已，因此，是可以接受任何改變的，是可以視無常為平常的，當確然具有如是的功夫，這就是定力的養成。

淨無形相，看者是妄

「起心看淨，卻生淨妄。妄無處所，看者是妄。淨無形相，卻立淨相，言是功夫。作此見者，障自本性，卻被淨縛。」

世尊以其所證悟的真理為人演說，其核心要義在說明宇宙人生的事實真相：凡我與我所的任何一切人事物，皆是由同一法性所生；若於個人而言，則曰佛性、自性。若以事物為一比喻：則是「空中月」與「水中月」，空中月喻為法性，水中月是依空中月而生，水中月雖有現相，但卻是虛妄不真，唯有空中月是為真實，且其但有一輪而已。

由上可知：若再追問，水中月是於何時而產生？如是之問實然是虛妄之問，因水中月既為虛妄，故實然無有其於何時而生之問題。又如：空中月本是一輪，但眼花者但見有兩輪，若問第二輪是於何時而有？第二輪本是虛妄，故實然無有於何時而有之問題，此乃因於視者的眼翳之故。

同理，關於想藉由靜坐達到「觀心看淨」的問題，於此即可迎刃而解。自性既是本來清淨，故所謂的一切雜思妄想，其本是虛妄的起心動念而已，既是妄念，則本是虛妄不實，又如何須藉由靜坐看淨來消除呢！如六祖所示：「起心看淨，卻生淨妄。妄無處所，看者是妄。」淨本淨，妄是妄，若想刻意以靜坐方式制妄，如是又將妄念視為一真有之物，此無乃是多耗時、多費神而已，實然於自性本淨毫無相關。

　　自性本淨就是吾人的本心，此是原本的自己，是禪宗所言：「父母未生前的本來面目」。唯如何將意識心轉為本心，於日常的待人、應事、接物，一皆依此本心以行之，此即是佛法義的宗旨。然對於常人而言，如何二六時中常保此本心，此於多數人而言，或視為難以契及之事，甚或以之為不可能，凡如是見者，若越認為是不可能之事，則將成為是不可能之事；凡越不相信自己能做到者，則將更是不可能達至。此即如佛門所言：「一切法皆由心想生」。

　　所謂依於本心而行之於日常，這是一種心境的保任，凡能如是者，其心將是無有任何的煩惱與雜思，而其表現或許比一般人更為日常的平常，當吃即吃、當睡即睡，往來之間但隨緣而不變，其隨緣是立於不變而隨緣，並非世俗人所言的隨緣，恍若有一種無奈之感，此兩者的隨緣，是有其心境的不同。

　　以是而觀六祖所言：「淨無形相，卻立淨相，言是功夫。作此見者，障自本性，卻被淨縛。」簡言之，靜坐只是一種修學的方法，而並非視靜坐為是本心本淨的呈現，凡如是見者，則是將「淨」視為另一種的有形有相，以是而行者，則必然視靜坐為一項要門的功夫，且以此而自滿、自得，或自溺陷其中等，凡此種種，則如六祖所論：「卻被淨縛」。

不見人之是非的自性不動

　　「善知識！若修不動者，但見一切人時，不見人之是非、善惡、過患，即是自性不動。」

　　依「靜坐」字面之義解讀，顯然，「靜」是一主要的目的，除身體的

安定之外,於心念的要求更是如此。但為能求得身靜與心淨,故有觀心看淨等方法,且為能獲得心念的清淨,或以毫念不起為最高修持。然如歷代祖師所示,於念想的分類上:有善、有惡,亦有無記(無法辨別善與惡),而空心靜坐向為祖師大德所斥,簡言之,絕非是落於無想定的境界。因如是的定境,雖能見其功夫,然一旦溺陷於其中,則極容易忘卻度生的本懷,佛論如是之定尚在三界內,依然得受六道輪迴,故靜坐絕非以修得心念不動為究竟。

然如〈行由品〉六祖教誨:「不思善!不思惡!為本來面目。」如是的不思善、不思惡的本來面目,與所謂的心念不動的無記,兩者的差異為何?六祖所言的超越善惡的本來面目,此乃是意指人的真性,真性但隨緣而不變,自與毫不動念的無記不同。且依於佛的本懷,一切眾生其本是佛,如何引領眾生返歸本來面目,實然就是一切諸佛菩薩的使命。

顯然,為人的真正使命,就是令自己得見本來面目,也想方設法協助眾生完成如是的本懷。使命的完成必須入於人群中,唯在待人、應事、接物的過程中,通常無法避免於人事的是非紛擾,既難以避免之,則如何應對之,將成為重要的關鍵。且觀許多本懷抱高度熱誠的人,或有因外緣的牽扯而逐漸心冷下來,然如是正足以說明自身定力的不足,與智慧的不圓融。

如六祖所示:「若修不動者,但見一切人時,不見人之是非、善惡、過患,即是自性不動。」如是的教誨,足為一生的警誡,所謂的不動,並非是來自外緣的不動,此實然是不可能之事;更不可能是一切的人事物,皆能應合自己的要求。要言之,真正的不動,是在面對一切是非、善惡、過患的當下,能反求諸己,才有可能迎刃而解。且所謂的不見他人的是非、善惡、過患,並非是毫無判斷能力的一無所見,而是能因之化解,甚且自立榜樣而影響引導他人,唯能如此,才有真實利益他人之

效。

　　然大多數的人，都是深受環境的影響，而「境教」可說是最自然且收效最大的教育方式之一。若能先結合同心同道之士，創立一真善美的環境，由一家至一村，由一里至一區，乃至一國，如是的理想，是可為之的。既然世界是可以變得更好的，故人人理應多有心為之。當思維至此，則更能明悟：不論是修靜、修淨或修不動，終不離開在與人群的互動才能得之，也唯有如此的自在與自得，或才可謂近於禪吧！

障礙他人即是障礙自己

　　「善知識！迷人身雖不動，開口便說他人是非、長短、好惡，與道違背。若看心看淨，即障道也。」

　　凡有心修學靜坐者，當至一定功夫時，或許於身可以漸次靜定，乃至可以長坐，甚至不想起身，此於靜坐之時或可如此。然所有的人，皆必然有起身之時，也或許身行之動，更多於靜坐的時間。當身在活動行事的當下，又如何才可常保如靜坐時的不躁動，於此，才可見修學是否具有得益之效。

　　如六祖所示：「迷人身雖不動，開口便說他人是非、長短、好惡，與道違背。」顯然，身或許容易達到不動的狀態，但口的漫說是非、長短、好惡，此於一般常人是多有的情況。以是，凡有人群的地方，則必然有其人事的是非紛爭，此於古今中外，不論任何的社群團體，要想避免之，除非全體皆有共知、共識與共行。

　　正因為言說所引發出來的問題，可謂是層出不窮，故佛門特以十善

業為修學的基礎，凡有心修學者，皆必然要在身、口、意之上用功夫，於身：不殺、不盜、不邪淫；於口：不惡口、不兩舌、不綺語、不妄言；於意：不貪、不瞋、不癡。此中，又以口業為重，亦如世俗所言：「心壞無人知，口壞最厲害。」言語的傷人，是最為直接的，也是最令人心寒的，故自古以來，不論各宗學派，總以「吉人寡言」、「沉默是金」為對多言的告誡。

　　一個人是否真正具有靜坐的功夫，是要觀其在起身之後的表現，簡言之，若僅是靜坐當下的身不動，卻無法力行在日常的言說上，如是之人，即使具有靜坐的表面功夫，則如六祖所言：「若看心看淨，即障道也。」靜坐的觀心看淨，本是為求保任心境的清淨，然若於起身之後，卻如同世俗凡夫般的煩惱、躁動，如是的表現，一旦無法獲得他人認同時，反將本是看心看淨的修學之道，視為是笑柄或攻擊之處，如是，於己、於他皆成障道，誠是可憾。

　　或許在現今的當下時期，能修學靜坐的人已屬不易，且又能在靜坐中稍有功夫的，更顯難得。然如六祖的教誨，多在提點靜坐容易引發出來的弊病，若仔細領悟其深義，或可明解：凡於靜坐中有任何定境的出現，皆不須在意，更不可妄自以為功夫了得，一切皆要返歸於日常生活上以見真章。故六祖特為明訓：不看心、不看淨，也不是不動，皆是要學人能實事求是於待人、應事、接物上。

　　反之，一位真實具有定靜功夫者，其一言一行，皆必然能予人如沐春風，其心思細膩於常人，於是，對人有更多的善解、更多的包容、更多的體貼，處處為人設想，擁有高度的同理之心，其行為舉止就是定靜的表現，如是的修學靜坐，才可謂是如理如法，也才可謂是真實的靜坐。

内心不動以應外境萬變

> 「師示眾云：善知識！何名坐禪？此法門中，無障無礙，外於
> 一切善惡境界，心念不起，名為坐；內見自性不動，名為禪。」

禪本是梵語，義譯為中文就是「靜慮」，也就是安靜思慮；靜慮的另
一用詞就是「止觀」，靜就是止，慮就是觀；止觀就是「勤息」：「勤修戒
定慧，熄滅貪瞋癡」。顯然，禪的本義，就是一種修行，並非僅止於靜坐
而已。六祖為使學人更能將禪活用於生活上，故對於靜坐法門多有開示，
更未免學人執於唯有靜坐才是修禪，於是特將「坐禪」之義明示：「外於
一切善惡境界，心念不起，名為坐；內見自性不動，名為禪。」如是之
義，其重心是置於在日常生活的應對上，所謂坐，是能不隨外境而起心
動念，要言之，如是的坐，是一種行、住、坐、臥皆在坐，故六祖總論：
「此法門中，無障無礙」，禪坐已然超越安安靜靜的坐著而已，唯有行至
此境，才可名為真坐。而「禪」就是能得證：自我真性本如如不動。至
此，或當更能明悟：「坐禪」的重心不在於坐，是在於能如如不動以應對
日常一切的人事物上。

雖言行住坐臥皆是坐，是為真坐。然如是之境唯上乘功夫者才能得
之。對於一般的學人，能有好的環境，好的善知識，好的同參道友，大
家在一起彼此切磋琢磨，互相鼓勵、學習、協助，仍屬重要的。且為營
造好的氛圍，彼此建立共知、共識與共修、共行，如是對於生活於繁忙
中的學人，確然有其必要性。

對於修學的方式而言，雖言各宗學派有其不同的特色，但能帶領群
眾有某一時間的靜心安定，此於學人是不可或缺的。想當年世尊所領導

的僧團，有結夏安居的修學期間，此於整個僧團，乃至未來的弘法利生上，皆有其必然的助益。對於個人而言，休息是為走更長遠的路，尤其當僧團的名氣逐漸開顯時，慕名而至的各方信眾，有時將恍如潮水般地湧入；僧團雖有接引大眾的天職天責，但仍須兼顧自修的保任與持續。故即或是名門古剎，或是擁有高知名度的大德，其仍有其固定的修學時間，此於常人已是必要的，於修習佛聖之道的學人或團體，更是不可廢之。

當人生進入某一階段時，總感到時間的飛奔快速：記得才剛起床，轉眼已是中午，再一眨眼又近黃昏，如是的一日、如是的一月、如是的一年又一年。如是才驚覺到：原來一世的因緣是如此的短暫。雖言：接引眾生是必要的，但於此中，若自己無法保有持續努力不斷地精進，則於己、於他皆將無所助益。唯有自己穩定堅固後，才能在度生的過程中，既能隨緣無所執，又能清淨自得；也唯有能先自成，而後以成他，才可謂具有隨緣不變的定力。

見境心不亂的自淨自在

> 「善知識！何名禪定？外離相為禪，內不亂為定。外若著相，內心即亂。外若離相，心即不亂。本性自淨自定，只為見境思境即亂。若見諸境心不亂者，是真定也。」

一般寺院的佛像，多以修定的靜坐方式呈現，如《金剛經》起首所言，就是對世尊日常生活的描繪，入城托缽、乞食，返回住處的洗足、敷座而坐等，顯可得見：修行就在日常生活中。敷座而坐的方式，不論

是靜修身心，乃至講經說法，都是佛的示現形式之一。

　　即或對於靜坐所採取的方式或有不同，然「因戒而定，因定開慧」是為各宗所遵循。今禪宗對此靜坐法門，於《六祖壇經》多有論述，不論是稱為「坐禪」或「禪定」，其重點在於：除能身心安於靜坐的形式之後，更須應用於日常的起心動念上，此即是禪宗所陳述的要點。

　　禪宗既將修定著重於日常生活上，故對於「禪定」，其論說則在於面對境界時的態度才是關鍵，所謂解脫，絕非是遠避人事的自處，如是僅能得暫時的安靜而已；唯有對於一切的外境，能視為虛妄不實，不論是順境或逆境，皆能如如不動，如是的態度就是真性的本來樣貌，能具如是的功夫，即名為「自性解脫」，顯然，所謂解脫，就是一種心境保任自在的實在功夫。

　　以是而知：如六祖所示：「外離相為禪，內不亂為定。」就是一種能面對境界時的自處，才可謂是禪定的表現。同理，若無法在境界中自在，則將只有靜坐的外貌，而缺乏實質的內涵，故言：「外若著相，內心即亂。」一旦著相即是在境界中無法作主，永遠陷於煩惱雜思中而不得安寧；反之，「外若離相，心即不亂。」為人若能在境界中做得了主，則得面見：真我的主人。

　　世尊以其一生而「開佛知見」，其目的在於能提升常人的思想觀念，如何將凡夫知見，提升為佛的知見，則攸關著人生的自在與安然。如六祖所示：「本性自淨自定，只為見境思境即亂。若見諸境心不亂者，是真定也。」自我的本來面目，本是清淨自在自定，簡言之，心思的雜亂，並非是我的本來面目。且再細思：到底是什麼東西在煩擾心思呢？曰：總不離人事物，於此再觀照：任何一切的存在之相，皆在時、空間的遷流中而變動無常，以是而知：所謂的煩惱也只是一種暫時的動念而已，若能在動念的當下觀照得清楚明白，則人生的很多憾事，將是可一一化

除的。

對於歷代諸佛菩薩的教誨，若能多親近與熏習，亦將更能明悟其法義與用心之道。或許對於常人而言，在諸境中能如如不動，於今雖尚未具有如是功夫，然若能以經句法語多所提醒、勉勵自己，即或未達圓滿，或也將得如是一二的法味，一旦入味漸深，則將有自我體證之期。

自性本具無量光、無量壽

「善知識！外離相即禪，內不亂即定。外禪內定，是為禪定。」

人生是否能過得心安幸福，其首要關鍵在對人性的肯認上，這也是歷來佛聖所致力之所在，簡言之，對於生命本源探究的深淺，將攸關生命本身所具有的價值與意義。依於佛的知見：一切眾生本來是佛，一切生命的源頭其本是一體。若如是的見地，能為人所領悟接納與實證力行之，則眼前所要面對的一切人事物，皆是依於自身的起心動念而生，凡所有的一切皆與我同為一體。

佛門有「三身」之說：法身、報身、化身，其內涵之論是「清淨法身」、「圓滿報身」、「千百億化身」。要言之，所謂「法身」，就是一切的源頭，是生命的本元，其本如如不動、永恆的存在，其雖無形無相，卻無所不在、無所不遍地充滿整個法界。若以科學為論，則稱為「能量」，要言之，法身就是一切能量的源頭。

又如禪宗六祖所論：「自性本是清淨、本自具足」，以是而知：法身就是我本具有的自性、本心，本心本具有般若、慈悲，既然法身、本心、般若、慈悲是無所不在的，唯如何才能得到如是的加持？顯然，關鍵已

不在外，而在自身上，也可以說：由於眾生的信心、福德、因緣不同，故所受的加持力也不同。此中的重要關鍵在於：必須先由「種善因、結善緣」起始，且將一切福報轉為智慧，依於般若智慧以成就德行，而道德情操要以達到菩薩為標準，此為學人必致力之所在。

為人之所以尊崇高貴，不在於其是否具有富貴、權勢、名聞、學識等，實然在於其德度的表現上，凡真正具足智高、德大者，其用心自能通於天地、佛聖、鬼神、祖宗等，故當其所想行之事時，則必恍若天助般地水到渠成。若能有如是的見地，則當面對一切的橫逆、批評、毀謗時，只能返身而求，一切皆是自己的德度不足，一切皆是自己的問題，絕然不加罪他人，亦唯有如此，才能真實地解決問題，此即佛門所謂的「自求內證」，一切只檢討自己，不檢討他人。

故如六祖所言：「外離相即禪，內不亂即定。外禪內定，是為禪定。」唯有真正能自求內證者，才可謂之為具足禪定者。為人若空居高位，不能時時自我檢討以求改進，當「德不配位」時，亦必將折損自身的福報，至此，或可發現，想行之事總是窒礙難成，在此之時，唯有更真誠地修德，以感得無量法界的加持力量，如是之事，唯證方知。

既能肯認自性本具足一切，故諸佛聖所具有的智德，一切眾生亦必然具有，以是而知：行於慈悲就是自性觀音、行於喜捨就是自性勢至，慈悲喜捨皆具，就是自性彌陀的無量光、無量壽。

以清淨心行於差別相中

「《菩薩戒經》云：我本性元自清淨。善知識！於念念中，自見

　　本性清淨，自修、自行、自成佛道。」

　　在整個佛法義的論述中，雖各宗有其不同的特色，但根本法義是斷煩惱以成佛，成佛以度眾生，如是的目標則為一致。然對於常人而言，所謂成佛，或以之為遙不可及之事，甚或以為那只是一種迷信而已。顯然，若對於法義的熏習不能廣面且深遠，是決然無法領悟其中的真義。

　　如云：「我本性元自清淨」，以是而知：唯有清淨才是原來的真我，反之，若於待人、應事、接物的過程中，總有其看不順眼、不能應合心意的，則其根本問題就出在自己身上，換言之；若能清淨，則無有差別，然一旦意識差別心動念，則無法清淨。

　　為人若能確然領悟自身本具有一清淨本體，此是我與一切眾生的本然，此清淨本體是一整全無有差別。若能將此覺悟行於世間，如六祖所示：「善知識！於念念中，自見本性清淨，自修、自行、自成佛道。」顯然，所謂佛，就是以清淨心以待一切人事物，能在差別相中不執著、不分別、不起心動念，故禪宗特別強調：「明心見性，見性成佛」，明心就是清淨心，能具清淨心者，其在「見」的當下就是真性的表現，要言之，見就是性，見與性是一非二，在見中沒有能見的我，與所見的對象，見就是見，保持現前的現量而已，能達至如是標準，則曰是成佛。

　　顯然，佛並非是一特有的形象，凡寺院庵堂所見到的佛，那僅是佛像而已，其所具有的象徵意義，是要學人能反身而學、而覺，然真實的佛，就正與自己的行、住、坐、臥同起同坐著。學人務要在日常生活中用心，當自身因外緣而起煩惱時，若不能自求內證，只是一味地檢討他人，終將無法根本解決問題。

　　信解與行證是無法二分的，在修學的過程中，深信自身有一清淨如佛般的真性，此看似簡短的一句話，於常人或許須耗盡一生心力，才得

能略微有所領悟。至此，或更能明白：佛是歷經三大阿僧祇劫以成之。又如佛所示：其在因中修行的過程，各種身分皆曾扮演過，乃至六道亦已多次流轉與出沒。想來：在如是多生多劫的相依相存中，可以說：任何的眾生都曾經與我同為父母、兄弟等，只因換個色身，則全然忘懷前世的記憶而已矣！

　　一般有心修學的人，在如是理念的熏陶下，要能日日、時時皆具有保任如是的見地，實然已屬不易，又更何況那些完全沒有接觸者，故其生活中的是非、分別、計較、爭鬥，乃至不平、不滿等的怨懟、苦惱，實然是可想而知的。佛的知見，正是要提升凡夫的看法，唯有視人如己，利他才得利己。凡有心修學者，要有正法傳承的願心，以此報佛恩、父母恩、眾生恩。

〈懺悔品〉無相懺悔的懺其前愆，悔其後過

自性戒香：於自心中，無非無惡、無貪瞋嫉妒

> 「時大師升座告眾曰：今先為傳自性五分法身香。一、戒香：
> 即自心中，無非、無惡、無嫉妒、無貪瞋、無劫害，名戒香。」

若立於宇宙為論，則法身就是宇宙的本源。若依於自性而論，佛就是我的本來面目。故為人一旦能具有佛的境地，則自性就是法身。唯佛格的成就，是在人格完美之下而論，故曰：人成即佛成。為人若能體證一切存在皆與我同為一體，且將如是的體證行持於世間，能毫無分別、執著地協助一切萬物萬類，於自心又永保清淨自在，如是之人即稱為佛。

對於常人而言，若稍具領解者，皆能感受人世間的苦惱與無常，於是，多能興起欲求捨離的態度，多盼望能得一清淨的淨土，並以此為所追求的目標；若能具有如是的境地，佛門則稱為是自求解脫道的阿羅漢。要言之，阿羅漢雖已具有體證空性的力度，但卻僅止住於空，怕與人群接觸，其表面看似清淨自在，然如是的境地，是經不起任何的風吹草動，故並非是真自在。

顯然，唯有能觀照一切的存在之相，皆依於法身、空性以現而已，

故凡所見、所聞、所觸皆只是一種暫時之相而已。以是而知：相是依於體而存在，此兩者本是相融為一，並非在相之外有另一法身、空性可證。故真正的安然自在，必在本體（空）與存在之相（有）之間，能無礙、無拘、無束，此即學人所應致力之所在。要言之，所成是「人佛合一」的境地，實然並非是遠離世間另有一佛的成就，唯當得成人佛合一，才是真實存在的佛。同理，一旦無有眾生，實然亦無有佛的存在。

禪宗特將一切法義皆入於自身以論，故凡有心修學佛道者，必然要將萬行功德呈現。且觀修學者的德行高下，終將決定其對眾生影響的深淺。且因於眾生的眼睛總是雪亮的，故修德的精純程度，才是真正的關鍵所在。德行攸關一切，故今六祖傳「自性五分法身香」，此香，顯然，並非是世俗有形之香，此乃是依於修行功夫所自然呈現的德行之香，此是自性本具有的自然之香。

一切德行之本在戒律的持守嚴謹，故自性五分法身香，第一就是戒香：「即自心中，無非、無惡、無嫉妒、無貪瞋、無劫害」，戒是為防非止惡，戒能保護自己，更能保護他人，戒並非是一種束縛，實然在戒律之下，自己可以依於自守戒律而拒絕之，且因於能不隨波逐流，故成就自己的自在無礙，故戒有「清涼」之意，想來：確然得理。為人在戒律的持守之下，不但得以遠離惡業的造作，得以卻除貪瞋癡慢疑等，且在諸惡莫作之下，得以再進而眾善奉行，乃至自淨其意，於一切的善行無罣無礙、自然等持，如是實然已近菩薩氣氛。

自性定香：覯諸善惡境相，自心不亂

「二、定香：即覯諸善惡境相，自心不亂，名定香。」

若能確信「心物一如」，則凡眼前所見的一切境相，皆是由自心所投射而成。於現今的世界，應於媒體的發達，每天所呈現的新聞報導，不是各種天災，就是不間斷的人禍，如是的事件未曾有片刻的歇息。且又因於傳播的快速，全世界各角落所發生的任何事端，皆歷歷在眼前呈現，而自己亦彷彿置身其中。

當人們總是處於甚多負面訊息的籠罩之下，心情或多少亦受其影響，於是，在看似物質豐富的環境之下，人心的不安與浮動，亦逐漸為人所驚覺與警悟。依於相關的數據研究之下，一場看似短暫且已然過去的禍端，但傷痛者卻往往無法全然釋懷，即或能從中走出之人，亦多是歷經一番的療癒過程，才漸次地恢復平靜的心情與生活。

顯然，想在人生的過程中，多所保任心境的平和與安然，其主要關鍵並不在於所面對的外境如何，而是在於自身具有自主能力的強弱上。一個旁觀者，僅多是可以陪伴與關懷，但是否能夠全然放下，則有賴當事人的見地與努力。如六祖所論：「覯諸善惡境相，自心不亂，名定香。」人心的定靜層次，才是面對生滅不已外境的最佳良方。此乃因於：善惡境相是在外，其發生自有其因緣；於內若能自心不亂，待外境因緣一旦消失，安然之心依舊故在。反之，若以心亂面對外境，即或已事過境遷，但當事者卻仍自心難安與不平，此即是如今大多數人的困擾所在，故有：「心生即法生」之語，想來：確然如是。

禪宗有靜坐的修學法門，但不論用多少的時間來用功靜坐，或即使

在靜坐中有殊勝的境界與感應，但總是「凡所有相，皆是虛妄」，且靜坐亦只能短暫一時，終將要起身以應對一切人事物，此時，才是真功夫的表現之時。然對於大多數人而言，如何才能做到：「不取於相，如如不動」，在任何的境界當中，皆能保有如如不動的心，此表面看似容易，但要實證做到又確然不易。

然看似不易做到，實然又是可行、可證之事。學人理應多以前人為榜樣，多親近學習其典範，當熏習日久，當戒律謹守清淨，自能漸次養成定力，唯有定力與智慧才能徹底解決問題。即或在惡緣當下，更應深悟：「凡所有相，皆是虛妄」，且惡緣亦是自身無量劫的召感而來，千萬不要受負面情緒所干擾，此時，正是用功夫的時候，若能多所安定以對，才能走出抱怨、報復的輪迴當中。

為人總是好面子，往往不願承認自身的錯誤，若不能先以謙德自處、待人，是絕難在人事境緣當中全身而退，且觀：佛德莊嚴的典範就在眼前，如何效法學習，此全然在自身上，佛亦無法增減之。

自性慧香：自心無礙，常以智慧觀照自性

「三、慧香：自心無礙，常以智慧觀照自性，不造諸惡。雖修眾善，心不執著。敬上念下，矜恤孤貧，名慧香。」

對於一般世俗之人而言，當自身的經濟條件達至某一階段時，大抵是願意將多餘的財物布施予人。且依於佛法的因果論觀，種財布施之因，將得財富之果，此無餘將更具吸引力。於是，在佛門興盛的地方，大抵民風多自願力行財布施，或更有甚者，願意投身於志工行列，終身行於

環保、社區關懷、監獄教化等，且有越做越歡喜的心境，此無疑對於社會風氣而言，誠可謂是一善的循環。

為人由獨善其身，必將再達至兼善天下，此是人的本性，要言之，獨樂樂確然比不上眾樂樂，亦唯有在利他之中，才能真實的解決自己的問題。細思：為人最大的問題，其根本來源就是自私自利。例如：為人子女者，若自私自利，則其自當不願奉養父母，更有甚者，是虧損父母乃至棄父母於不顧，亦多有之。另：其他如兄弟、朋友等關係等，亦然如是。故儒學強調為人之本在「孝與悌」，為人能孝、能悌，才能將自私自利之心放下，且當為人之本能行之永恆時，其他的關係與事項亦將能行之做到。

在現實的社會裡，凡能孝養父母者，亦將發現其容色是柔和的，其舉止是體貼的，其心是安然的，此乃是其放下自我之私後所反饋而得的。顯然，唯有捨除唯利是圖，一心只想謀求眾人的利益時，才是最令人歡喜之事，亦唯有從事真實利他的工作，才可謂是活得真自在、真幸福。

然為人之所以不能行利他之事，乃至奉養父母都不願行之，其根本源由終在於缺乏真實的智慧。故六祖所傳授「自性五分法身香」第三即是「慧香」。在佛門中，「智慧」二字大多是並用之，唯若要細分：「智」是一種善巧之下的方便法，而「慧」其義是平等，換言之；真實的智慧，是須立足於無礙、平等而為之。例如：即使是行善，於心中亦不執著有一我在行善，乃至受者與中間之物等，以達至三輪體空為要，此才是智慧之義。

如六祖所云：「自心無礙，常以智慧觀照自性，不造諸惡。雖修眾善，心不執著。敬上念下，矜恤孤貧，名慧香。」顯然，以智慧觀照自性，本具一切的善法，故自是能不造諸惡；且自性本已具足眾善，以是，當外行一切善事時，也只是善盡本分之事而已，若有一絲毫的誇耀之念，

即是又將慢心的垃圾搬入心中，此乃修學者的一大忌。

為人之所以無法真實地行利他，或即使行之，內心總有罣礙、不捨，尤其對曾與自己有過節者，更是多所顧慮，如是的種種現象，若一言以蔽之：就是缺乏觀照「同體為一」的智慧見地，故佛門終究以證得智慧為目標。

自性解脫香：自心無所攀緣，不思善、不思惡

「四、解脫香：即自心無所攀緣。不思善、不思惡，自在無礙，名解脫香。」

世尊當年一如多數的世俗人般，也經歷結婚、生子等過程，尤其在組成自己的家庭之後，想毫無罣礙地做自己想行之事，總有其無法安然放下的內心掙扎，故為其獨生子取名為羅睺羅，義譯為中文就是「障礙」。對於常人而言，除家庭因素之外，恐怕更多的是來自於世俗人情的相處問題，當所涉及之面越廣，其所牽扯的範圍亦更形複雜與難解，於是，對於如何解脫煩惱，可謂是多數人的期盼。

世尊在菩提樹下所悟道的內容，其目的就是在解脫煩惱，顯然，所謂的解脫，絕非是人死亡之後，才稱為解脫；真正的解脫是依於在現實的人世相處之中而獲得，如是才是真解脫。如六祖所論的自性解脫香：「即自心無所攀緣，不思善、不思惡，自在無礙。」禪宗將一切法義回歸於自性之上，就是要學人在遇緣的當下，要能返歸覺悟於自身，唯有如此，才能徹底解決問題。

在現實的人生中，絕難有人可以說自己毫無有任何的煩惱。即或是

遠避深山之中，仍有其要面對的環境等難題，總之，重點不在有沒有問題煩惱，關鍵在如何面對與處理而已。如六祖所教誨的「自心無所攀緣」，為人總不離依於一切因緣而相生、而相滅，因此，所謂的無所攀緣，其義不在外，而是內心的保持安然。當面對一切的變化時，要能覺悟：凡因緣起，則必有因緣滅的到來，這就是事實的狀態，若能於緣起的當下珍惜把握，於緣滅的時刻能安然放下，這就是無所攀緣的自在無礙，然如是的境地，唯是聖境界，於學人則當努力效之、行之。

又如六祖要學人「不思善、不思惡」，此義的重點在「不思」，並不是沒有善與惡，更不是善與惡分不清楚，而是要學人在善與惡的當下，能不隨之而產生攀緣：於善則生歡喜心，於惡而生厭惡心，若是如此，則又如同世俗人的眼光與行為般。因於，多數人總是活在差別相中，且又受世俗價值觀的影響，人們總是欣羨富貴、名利、權勢，一旦在如是的環境熏染成習後，要想回歸以清淨本心面對一切人事物，又若不能深下功夫，實然只能興嘆而已矣！

當人生到達某一年齡層時，或多或少能有些許的覺悟：物質實然無法帶給人們真實的快樂，但若能心靈充滿感恩、祝福與利他之中，也才能獲得一絲的安然與自在，換言之；所謂的自性解脫香，是當在自己能力可及的因緣之下，能無所分別、無所求地行持於利益他人，當看到別人能安然快樂時，也才能反饋回自身之上。如同：在為他人灑香水時，自己的手上也將沾染香味，自己雖不在意，卻又如是的自然。

自性解脫知見香：須廣學多聞，和光接物，無我無人，直至菩提

「五、解脫知見香：自心既無所攀緣善惡，不可沉守空寂。即須廣學多聞，識自本心，達諸佛理，和光接物，無我無人，直至菩提，真性不易，名解脫知見香。」

在佛法的修學上，首先是要對眼前的一切存在，能具有般若智慧的觀照，明悟一切法皆是如幻如化，於是，將我執與法執全然放下。且當觀得「凡所有相，皆是虛妄」之後，即應積極於持戒、修定上用功夫，唯不論所具有的戒定慧淺深高下如何，佛法的修學終必以完盡度眾為究竟目標。

於之前的「戒香、定香、慧香、解脫香」之後，六祖再提出第五：「解脫知見香」，一切戒定慧的修學皆是為能去除煩惱，以達自性解脫，然所謂的解脫，若僅止於個人的自我了脫，此於佛法是不究竟的，故如六祖所論：「自心既無所攀緣善惡，不可沉守空寂。」即或已達在善惡的境界中能得自在，但所謂的不攀緣於一切外境，並不是至此即完全不理會、不面對凡所有一切的存在，若如是者，即謂之「沉守空寂」。

在現實的世間，當自身的衣食已達溫飽無缺，甚或是生活已安逸寬闊，然若是終日無所事事，或是終日流連於吃喝玩樂中，其表面看似一切無虞，實則如是的人生，是無法帶來內心的安然與快樂。故在佛門中，羅漢即或已具有證得空性的智慧，但尚有「沉空滯寂之悶」。同理，若稍有見識的豪富之家，總會投身於公益事業，或更積極於營造自己的事業，以嘉惠更多的群眾，如是，才更能彰顯生命的價值與意義。又如：甚多已經退休的人，寧可到處作志工，也不願整日無所事事的閒晃度日，如

是等等，皆見同理可證。

　　以是而知：所謂的「解脫知見香」，是當在以達自我解脫自在後，必要更進一步，如六祖所言：「即須廣學多聞，識自本心，達諸佛理，和光接物，無我無人，直至菩提，真性不易。」廣學多聞是為能度更多的眾生，在與不同的眾生相處時，要能具有不同的善巧方便以度之，若能有更多資糧，如：學識、能力、財富等，如是皆能襄助於度眾上。

　　然即或具有廣大的資糧，以度得眾多的群生，但終究要保持「識自本心，達諸佛理」，也就是：即或度盡天下的眾生，實然無有一個眾生是我度的。否則，當所度之人越多時，自我傲慢之心又再起，實然又再落回凡夫的境地。故「和光接物」，是一種與眾生相處的態度，只因一切眾生若能回頭，那也是個別眾生的善根、福德、因緣已具，並非是個人的能力本事所及的。唯有能具有度眾的廣大能力，又能具有無執、無我、無人的心態，才可謂是真解脫，如是，才堪稱為佛門的英雄。

懺其前愆與悔其後過

> 「無相懺悔：云何名懺？懺者，懺其前愆，從前所有惡業，愚迷憍誑嫉妒等罪，悉皆盡懺，永不復起。云何名悔？悔者，悔其後過，從今以後，所有惡業，愚迷憍誑嫉妒等罪，今已覺悟，悉皆永斷，更不復作。」

　　在人生的過程中，隨著年歲的增長，也因於所見與所體悟日有不同，於是，或多或少有今是昨非的感慨。更有甚者，因違犯法律而入獄再出獄，世俗稱其為「更生人」，顯然，社會對於有心悔改者，大多數是願意

協助並給予機會,使其有重新出發的可能性。如言:「浪子回頭金不換」,此義重點是在於能悔改,簡言之,凡能回頭者,則應肯定之。

對於整個社會的安定而言,德行教育、家庭教育、學校教育乃至社會教育等,皆是環環相扣的,此中,又以德行教育是最為根本中的根本。當習染惡習而鋃鐺入獄,要想糾正其偏差思想與行為,往往必須付出更多的社會成本。此中主要的原因,乃在於習氣的養成非一朝一夕之故,同理,若想改變之,則須加倍的耐心與毅力。故有言:「教兒嬰孩,教婦初來」,一切必須在起始之時即著力之。

對於有心修學佛聖之道者,更要謹慎於起心動念的當下,一念即是種一因,由因起,再增助以緣,則果自呈現。故對於修學者而言,若有一惡念起,能覺悟於當下,則以制之,自不會有惡果的呈現。如云:「菩薩畏因,眾生畏果」,於佛門而言,當種成佛之因,反之,亦不隨便種因,亦不隨便結緣,凡一切的斷惡行善,亦皆終須回歸清淨的本性為要。

一旦自覺惡念一起,即要能深悟懺悔,自可恢復清淨的本心。然所謂的懺悔,並不是犯錯後,懺悔之即可一筆勾消;若是一而再,再而三地違犯,違犯後又一再地懺悔,如是並非真懺悔,反更增明知故犯之一罪。如六祖所示:「懺者,懺其前愆,從前所有惡業,愚迷憍誑嫉妒等罪,悉皆盡懺,永不復起。」顯然,所謂「懺」,是要能真誠將所犯的過錯,在眾人面前發露表白,能真實承認自己的錯誤,且立志永不復起,此才是真懺。

所謂「悔」,如六祖言:「悔者,悔其後過,從今以後,所有惡業,愚迷憍誑嫉妒等罪,今已覺悟,悉皆永斷,更不復作。」顯然,悔是著重於後不再造,換言之;懺是對於前過的表露,悔則在於更不復作。亦唯有「懺其前愆,悔其後過」,才可名為真懺悔。如儒家的顏回夫子,可謂是德行修養的榜樣,其「不二過」的典範,就是確然真懺悔的表現。

　　雖言人有懺悔的機會，但若是涉及於他人的生命、名節等，此於佛門，則言其是「定業不可轉」，一旦已確定造成的傷害，是不通於懺悔的，即使是佛現世，亦無法改變，學人當更謹慎於言行與動念之間。

真誓願：自性自度，自成佛道

> 「與善知識發四弘誓願！自心眾生無邊誓願度：即自心中邪
> 見、煩惱、愚癡等，將正見度。自心煩惱無邊誓願斷：將自性
> 般若智，除卻虛妄思想心是也。自性法門無盡誓願學：須自見
> 性，常行正法，是名真學。自性無上佛道誓願成：既常能下心，
> 行於真正，離迷離覺，常生般若，除真除妄，即見佛性。」

　　對於一般人而言，立誓願可能是在某一特殊情況之下，不得不有的行為，也或許是一種例行的規範與模式。總之，對於立誓願的行為，於常人或多有一種恐懼、勉而為之的意味蘊含其中。然對於佛門的修學者而言，立願且依願而行，正是成就菩提之道的入門。且觀歷代的諸佛菩薩，一皆是依其所發的大誓願而行，要言之，唯有真正的發大願、行大行，才能終究完成真實利益群生的事實。

　　佛門有所謂的四弘誓願：「眾生無邊誓願度、煩惱無邊誓願斷、法門無盡誓願學、無上佛道誓願成」，且觀如是的順序，是以廣度眾生為首願，要言之，所謂的誓願，並非是為成就個人的名利權勢等，而是能證悟眾生與我本為一體，故唯有真確地利人度眾，才能真實地於己有利。既有廣度眾生的心，則必須先能以身作則，故自身的煩惱習氣要能一一斷除，由是可知：若無法成就自己，亦無法真實於一切眾生有利。當為廣度無

量眾生之時，則自身必須要有廣大的德行、智慧、能力與福報，且依於不同的眾生，所要採取的方法亦各有異，以是之故，自己必須精進於廣學多聞，才能有效地廣度眾生。依於如是的度眾生、斷煩惱、學法門，才能完成究竟的無上佛道誓願成。

在禪宗，對於如是的四弘誓願，則將重點返歸回自身之上，故在四弘誓願之前，皆加上「自心、自性」，如：「自心眾生無邊誓願度、自心煩惱無邊誓願斷、自性法門無盡誓願學、自性無上佛道誓願成」，如是在說明：自心、自性才是一切問題的關鍵所在。唯有先將自心的眾生度盡，將自心的煩惱斷除，才能完成行持正法、自見本性。

如六祖所示：所謂自心的眾生，就是自我心中的邪見、煩惱、愚癡等，須將以正見度之，要言之，破除我執的根本煩惱，唯有依於佛知見以度之。所謂自心的煩惱，就是能「將自性般若智，除卻虛妄思想心是也」，為人的煩惱通常不在外，而是在自己身上，若能以般若智慧保持正念，則妄念自能消除。所謂學法門，若僅是一味地向外求學，實然是無有窮盡且徒增煩惱而已，如六祖所言：「須自見性，常行正法，是名真學。」此為內學，是一種不須向外求的學，當能保持正念分明，於一切境界中皆能作主，即是真學。當以清淨本心行於日常生活，除卻一切的兩邊，就是佛道之成。

歸依自性三寶：覺、正、淨

「與善知識授無相三歸依戒。歸依覺，兩足尊。歸依正，離欲尊。歸依淨，眾中尊。勸善知識，歸依自性三寶。佛者覺也，

> 法者正也，僧者淨也。自心歸依覺，邪迷不生，少欲知足，能
> 離財色，名兩足尊。自心歸依正，念念無邪見，以無邪見故，
> 即無人我貢高，貪愛執著，名離欲尊。自心歸依淨，一切塵勞
> 愛欲境界，自性皆不染著，名眾中尊。」

在人的一生之中，目標方向的引領，對其一生或坦途、或崎嶇，是有其決定性的關鍵。也因此，大多數的父母，總希望能予子女有其正確的信仰內涵。於佛門，最基本的入手處就是歸依佛、法、僧三寶，以佛的萬德莊嚴為最究竟歸依處，依於正法為日常的行為軌範，並以清修梵行的僧人為所學習與解惑的對象。學人依於佛、法、僧三寶，在人生的路途上，則恍如有一盞明燈不斷地在指引方向與目標的正確性。

歸依佛、法、僧三寶，表面視之，三寶恍如是一種向外的尋求歸依處，然細思之：佛是一切修行證果的最高典範，而一切諸佛亦皆依其因地的修行以證之，故所謂的歸依佛，是實然必須先能歸依自性本具的覺性，要言之，若為人無法真實確信自身本具與佛等同的佛性，則所稱的歸依佛，實然就只是歸依於寺院庵堂所恭奉的佛像而已。如六祖所示：「勸善知識，歸依自性三寶。佛者覺也，自心歸依覺，邪迷不生，少欲知足，能離財色，名兩足尊。」顯然，所謂歸依佛，實然就是歸依覺，能覺悟則不迷，不迷於酒色財氣，不迷於貪瞋癡慢，能完備福與慧兩具足，在一切的人事境緣中能當家作主，如是則堪為真歸依覺、歸依佛。

諸佛的色身雖已入滅，但法身常住不滅，且所留下的經論教誨仍在人間傳承著。若眼前現實的人世間，無有堪為典範者，則依教奉行，以經典為師，實然就是最佳的一條路。如六祖所示：「法者正也，自心歸依正，念念無邪見，以無邪見故，即無人我貢高，貪愛執著，名離欲尊。」法是為對治個人的習氣，讀經論並非是要講解予他人聽聞而已，實然就

是要依於正法修正自己錯誤的言語舉止，將自心導歸回正位，能端正則不邪，當無有邪見、邪行，則自能遠離一切不善的欲求，如是則堪為真歸依正、歸依法。

在修學的過程中，若能有同參道友的相伴，若能有善知識的從旁提醒，此無疑在修學之道上，能有多一層的保護與前進的動力。唯所謂的善知識又將如何尋得呢？如六祖所示：「僧者淨也，自心歸依淨，一切塵勞愛欲境界，自性皆不染著，名眾中尊。」真正的清淨，是在於自心而不在於外，能清淨則不染著，若能於一切塵勞境地當下，皆能相應於智慧與慈悲，如是則堪為真歸依淨、歸依僧。

一體三身自性佛：法身、報身、化身

「吾與說一體三身自性佛。若遇善知識，聞真正法，自除迷妄，內外明徹，於自性中萬法皆現。見性之人，亦復如是，此名清淨法身佛。莫思向前，已過不可得。常思於後，念念圓明，自見本性。善惡雖殊，本性無二。無二之性，名為實性。於實性中，不染善惡，此名圓滿報身佛。若不思萬法，性本如空。一念思量，名為變化。自性變化甚多，迷人不能省覺，念念起惡，常行惡道。回一念善，智慧即生，此名自性化身佛。」

佛門有「三身」之說，即：清淨法身、圓滿報身、千百億化身，此三身之所論，其要旨大約如下：「法身」是一切生命的本元，其是無形無相之理體，已然超越時、空間，故曰：「清淨法身」；其於作用上，卻又能遍一切處，此唯佛能得證之。凡所謂得證者，則意謂其能突破一切的

藩籬，能等視一切眾生與我同體，故於待人、應事、接物上，一皆能以清淨本心面對一切，在一切人事境緣中皆能自在，若以自求內證而言：則是凡事只檢討自己，不檢討他人。

如六祖所示：「若遇善知識，聞真正法，自除迷妄，內外明徹，於自性中萬法皆現。見性之人，亦復如是，此名清淨法身佛。」禪門將一切法義皆返歸回自身本性上，此於清淨法身的得證亦然如是，萬法由自性法身而起，若能將所觀得的一切相，一皆返歸回自性上，則自能等視一切，如是見者，即名「清淨法身佛」，就在自身上，不用外求。

所謂「圓滿報身佛」，顧名思義是在說明佛依其萬德莊嚴之故，故能成就其正報、依報的圓滿之身與淨土，然佛的圓滿報身，唯在佛的淨土始可見之，此為向來之義。今如六祖所示：「莫思向前，已過不可得。常思於後，念念圓明，自見本性。善惡雖殊，本性無二。無二之性，名為實性。於實性中，不染善惡，此名圓滿報身佛。」誠如教誨：若能常持正念分明，於一切善惡之境的當下，皆能真實地當家作主，則圓滿報身確然在自身上即可得證。顯然，禪宗將看似外在的一切法義，一皆要學人如實於自身上修證，此亦可明證：世尊可得證的境界，於一切學人皆然可如是。

成就佛道之後，其最終境的任務就是引導世人如是修行、如是成就。然在歷劫的度眾過程中，為因應於不同的時、空間之故，自有其不同的應化身，故稱佛有「千百億化身」，此乃應眾生而然，且住世的時間長短，亦是應於當是時的環境背景而然。誠如六祖所示：「若不思萬法，性本如空。一念思量，名為變化。自性變化甚多，迷人不能省覺，念念起惡，常行惡道。回一念善，智慧即生，此名自性化身佛。」若能醒覺念念不同，則自身確為是千百萬億的化身。

依於自性的真實修道

> 「無相頌:迷人修福不修道,只言修福便是道。布施供養福無
> 邊,心中三惡元來造。擬將修福欲滅罪,後世得福罪還在。但
> 向心中除罪緣,各自性中真懺悔。忽悟大乘真懺悔,除邪行正
> 即無罪。學道常於自性觀,即與諸佛同一類。」

若要言之,佛門的宗旨就是:「諸惡莫作,眾善奉行,自淨其意,是諸佛教。」顯可得見,斷惡修善可謂是修學佛法的入門,也因此,對於大多數人,若稍有接觸佛學者,於行持布施慈善等事業,皆能認可且願意投入相當的時間與金錢,此確為令人讚許的。然布施行善只能是深入法義的前方便而已,要言之,除慈善之行之外,更要能進一步地修養自己,如:持戒的精嚴程度,可先由基本的不殺生、不偷盜、不邪淫、不妄語、不飲酒的五戒開始持之。顯可得見:持守戒律比之於財布施,則更顯得不易與寶貴。

然如六祖所示:「迷人修福不修道,只言修福便是道。布施供養福無邊,心中三惡元來造。擬將修福欲滅罪,後世得福罪還在。」此確為現世修學者因於法義不明所產生的弊病,誤將修福以為修道,唯所謂的修福,就是將自身所擁有的外在一切財物分享予人,如是之行,自將有其未來的善業果報;然即使是來世可獲福無邊,但若是根本無明不能斷除,則仍然在相中而輪迴不已。此即是六祖一再地提醒:修福是無法滅除心中貪、瞋、癡的三惡,此才是真正的關鍵所在。

除斷惡修善的前行方便已然有成,則應更進一步地持戒,乃至忍辱,如是之行,皆是為能臻至「自淨其意」。若相較於持戒,顯然,忍辱又更

為不易。而忍辱的最高境界是「無生法忍」，也就是看似雖於忍中，卻又心中清淨自在，唯當有如是的心境，才能真實於一切的業報中皆能自在。然忍辱的得成，須由懺悔入手，此於常人是甚為不易的。因於一般人而言，要能承認自己的錯誤，確為困難，然亦唯有如此，才能有所希望地於一切相中突破業緣。如六祖所示：「但向心中除罪緣，各自性中真懺悔。忽悟大乘真懺悔，除邪行正即無罪。」造罪的根本源頭來自於心念的起動，若能從內心而起真實的懺悔，則當心念滅沒之時，自亦無有造罪之事。

　　唯亦不可誤解禪宗不要學人行善修福，而是必須由修福以求得的善報，再進而自修身心的持戒、忍辱、精進、禪定、智慧，如是才能真實將煩惱轉為菩提自在，有如是依於智慧以得解脫自在的過程，始可謂之修道。故六祖一再地強調，修福不等同於修道，其理在於唯有修道才能徹底解決根本問題，以達於究竟之地，故六祖總言：「學道常於自性觀，即與諸佛同一類。」佛道的成就必須由自性為要，此為修福與修道之差異所在。

〈機緣品〉根機勝緣相感應，以轉迷為悟、開發自性

諸佛妙理，非關文字

「師自黃梅得法，回至韶州曹侯村，人無知者。時有儒士劉志略，禮遇甚厚。志略有姑為尼，名無盡藏，常誦《大涅槃經》。師暫聽，即知妙義，遂為解說。尼乃執卷問字，師曰：字即不識，義即請問。尼曰：字尚不識，焉能會義。師曰：諸佛妙理，非關文字。」

惠能大師自小家境貧寒，且所居為嶺南之地，依於當是時的各種環境條件之下，其無法就學自可理解之。也因此，對於六祖的「不識字」，歷來或有不同的解讀，有以為所謂的「不識字」，是指「不注重經典文字」，唯不論如何，修學佛法的重點是在於「諸佛妙理，非關文字」。

對於六祖為無盡藏尼解說《大涅槃經》的公案，尼師的「字尚不識，焉能會義」的疑惑，正是多數人難以理解之處。唯此處，正可凸顯六祖所具有的「宿慧」，並非僅是當世求學者所可臻至的。也由於六祖如是的示現，正可為有心修學者提供一榜樣，即：斷不可輕視任何的人，更不能僅依憑學識與外表而有高下的分別心；且觀歷代甚多的祖師大德，皆

是由廚房勞務中而入道，此當可予學人有所醒覺與領悟。

　　如六祖一生的示現，在在說明：學佛的重點不在經義的解讀而已，重點在能依教奉行，而所謂的「轉識成智」，主要在能放下意識心，亦可言，若能「止識」之後，才能「發智」。要言之，當能去除我、法兩執，則清淨的本心自能呈現，於此，自然對於所面對的一切人事物，能有更為清楚的觀照與對應的智慧，此是修學佛法的關鍵所在。

　　對於一般具有學識之人，尤其具有學術研究背景之人而言，佛學是深具其吸引力的，此乃因於佛法義的內容，有其甚為深度的哲理系統。唯若僅深入於法義研究，或可成為優秀的佛學者，但並非是學佛者，此兩者的差異所在：前者是將佛學當成一門學術研究；後者，則是以佛的清淨自在為所趣的目標。前者所要去除的或先以法執為主，而後者所要對治的就是我執。

　　對於「諸佛妙理，非關文字」的理解，並非是要否定一切的文字，且經典文字本承載者諸佛的妙理妙義，若以為是要去除一切的文字，此乃真可謂是「依文解義，三世佛冤」，正是「與義作讎家」。唯對於多數已具有堅固的見識者而言，往往最難以改變的就是思想觀念，此看似宿命而無法更動之，實然若能用心下大功夫，且能確然依教奉行，也或許將發現：自心與佛心將隨著時間的用功而逐漸地契近，所謂的輕安自在，是可以親自做到的。或至此，對於六祖所謂的「諸佛妙理，非關文字」，當更能有深度的領悟：唯有文字般若，才能將親證心得呈現；亦唯有真實的親證者，才能如實地示現於行為與語言文字上。

⧉ 即心即佛的心佛不二

> 「僧法海，韶州曲江人也。初參祖師，問曰：即心即佛，願垂
> 垂指諭。師曰：前念不生即心，後念不滅即佛。成一切相即心，
> 離一切相即佛。法海言下大悟，以偈讚曰：即心元是佛，不悟
> 而自屈，我知定慧因，雙修離諸物。」

依佛法的三法印，其重點在於觀察一切存在皆是無常、無我，以是
而能於一切的境界皆安然自在，此為佛法的根本要義，亦可言，是印度
佛教的整體傾向。唯佛法傳入中國後，在儒與道的影響之下，佛法義更
以強調有一自性清淨心的如來藏性為主，學人只要能依此清淨本心，即
可得證佛道。

當佛學發展至禪宗時，對於自性、自心的論述，更可謂是其代表的
宗旨。如禪宗之論：「直指人心，見性成佛」，又：「明心見性，見性成佛」，
顯可得見，禪宗所論一皆依於自身的心性為主，故亦可總言：「即心即
佛」，所謂佛就是自己的清淨本心，此即是自性佛，若想歸依，唯此自性
佛才是真正的返歸處，非是外在的一切諸佛。

如六祖所論的「即心即佛」之義：「前念不生即心，後念不滅即佛。
成一切相即心，離一切相即佛。」關於佛法的修學，首先要破除的就是
對於一切存在的執著，故言「前念不生即心」，此即是對於前念的執著破
除，然若僅止於此，則又極容易陷溺於偏空、頑空的境地；故當能破除
前執，則仍要有「後念不滅即佛」的願心與願力。唯當能超越執有與執
空的兩端，始可謂究竟成佛道。同理，對於「相」的成與離亦是如此：「成
一切相即心，離一切相即佛」，一切相皆是依於因緣和合以生，亦當在因

緣和合之下而滅,故成相與離相,若能以清淨心觀之,實然是:成也好、離也好,自心的自在才是關鍵所在。

本「機緣品」是六祖依於所提問的學人,給予個別最恰當的釋疑。故當法海聽聞六祖的開示後,其偈讚的內容,即是回應「心元是佛」的宗旨,並以若不能體證於此,實然無法入於佛法的大門,故有「不悟而自屈」而感慨,要言之,若以為佛在身外,迷迷茫茫地一味向外尋求,不但毫無所向,更容易誤踏歧路,再想返歸,恐將又是好幾十、百劫之後的事了!

如法海的偈言:「我知定慧因,雙修離諸物」,雖言即心即佛,但即使悟得於此,仍必須精進修學,有戒、有定、有慧,才能真實於自度度人的過程中,安然自在,不受任何的人事境緣所染、所折。顯然,不論佛法義,是以無常、無我為主論,或是以自心本性為所依歸,一切終將以具足戒、定、慧為根本的修學,唯此才可為世間的榜樣、天人的典範,故所謂佛,就是能在世間悠然自在的人,他確然生活於現實世界裡,而並非是一種遙不可及的想像而已矣!

口念而心行是謂轉經

> 「僧法達,洪州人。七歲出家,常誦《法華經》。禮師釋疑,師曰:口誦心行,即是轉經;口誦心不行,即是被經轉。偈曰:心迷法華轉,心悟轉法華。誦經久不明,與義作讎家。無念念即正,有念念成邪。有無俱不計,長御白牛車。」

有僧名法達,特別喜歡念誦《妙法蓮華經》(以下簡稱《法華經》),

此經是天台宗所依據的經典，依於智者大師的判教論，唯此經是圓教義，是代表佛最後的總說。此經並非在論說敷陳法義，唯論一佛乘之義，要言之，一切眾生皆本是佛，故唯有一佛乘，無二亦無三，如《法華經》所論：「佛唯說一乘法，除佛方便說」，顯然，任何的法門，皆是為指向成佛之道，才是佛的究竟說。

法達僧因於長年的念誦《法華經》，自為所誦法義高人一等，於是心中產生驕慢，禮六祖之時，頭不至地，師為破其爭勝之心，而云：「口誦心行，即是轉經；口誦心不行，即是被經轉。」心與口若不能相應，如是的誦經不但無法自伏煩惱習氣，反徒增我執與法執而已，誠然可謂是與經義漸行漸遠。且若不能依經義而如實奉行，即使法達僧已誦念法華三千部，則將如六祖所言：「心迷法華轉，心悟轉法華。誦經久不明，與義作讎家。」所謂心迷者，是將法義放在嘴上念，但心中煩惱無明絲毫未減，如是之人，確為法義而轉。反之，若是心悟者，依其清淨本心，為自他而消解妄想貪念，則謂之轉法華。

依《法華經》所論：「佛以一大事因緣，而出現於世。」所謂一大事因緣，就是佛為眾生開示佛的知見。對於凡夫而言，在無量劫的生死流轉中，無明的我執與法執，早已深入意識田中難以轉變與拔除，今佛為大眾說明：一切眾生皆本是佛，成佛才是回歸真我的本來面目，以如是的知見，破除凡夫不敢肯認真我就在自身的錯誤觀念。

通常一般人的言語、行為模式，大抵與其所處的環境、教育、文化等，且依之所產生的觀念，彼此是有其密不可分的關連，以是而知，要想改變一個人既成的觀念，甚是不易。唯《法華經》的旨趣，即是要學人能夠悟入佛的知見，亦唯有能相信自身本是佛，才能在正確的方向指引之下，以回歸真實的本來面目。

唯對於常人而言，保持清淨本心，而不以意識心行事，如是之理，

即或是得以理解之，但在現實的世間，或可謂是做不到，然若能常持正念的一句佛號，以伏住起心動念，如是的功夫則是學人當用心處。如六祖所示：「無念念即正，有念念成邪。有無俱不計，長御白牛車。」唯有無念才是真念佛，如是之義其重點在：越能安住於清淨本心的人，才能於對應世間的一切人事境緣時，越能真確無誤的了了分明地回應，此看似是佛境界，但正是學人應勇於用心學習之處。

自性本具足三身與四智

> 「僧智通，壽州安豐人。初看《楞伽經》約千餘遍，而不會三身四智。師曰：自性具三身，發明成四智。三身者，清淨法身，汝之性也。圓滿報身，汝之智也。千百億化身，汝之行也。又曰：大圓鏡智性清淨，平等性智心無病，妙觀察智見非功，成所作智同圓鏡。」

在教化眾生的過程中，實然是無有定法可言的。對於一位深具智慧與慈悲的引導者而言，也只能在與對方的談話中，或在與之往來的互動裡，觀得對方的習氣與特質，且在因緣具足之下，所給予的任何助力與示導，促使對方在如是的對應中，而有所領悟與突破原來的謎團。若以是而觀之，則所謂的度化眾生，實然唯有「眾生自性自度」而已。學人若能深明如是的原則，或可消除有自比已是成佛者，或亦可遠離世人有追風某位成佛者。

在佛法義之中，對於佛有「三身」之論：清淨法身佛、圓滿報身佛、千百億化身佛。如是的三身，其義乃在說明：學人當先致力於以清淨心

待人、應事、接物，並積極地廣修福報與智慧，於常日能深入眾生界，毫無私心的利益他人，如是亦可謂為「三身」具足。如六祖所示：「自性具三身。三身者，清淨法身，汝之性也。圓滿報身，汝之智也。千百億化身，汝之行也。」六祖特將三身一皆返歸回自身之上，為人本具的自性就是清淨法身，依戒定慧所成就的是圓滿報身，行於常日間的一舉一動就是千百億化身。

顯然，依於六祖的開示，三身就在自身之上，並非是可以外求而得，更不是可以依附於某人即可成就的。於三身是如此，於四智也是如此。如六祖所示：「自性具三身，發明成四智。又曰：大圓鏡智性清淨，平等性智心無病，妙觀察智見非功，成所作智同圓鏡。」常人多以意識心為用，而忘卻本心，故如何才能「轉識為智」，則成為一切修學的根本關鍵。然本心就是為人的本來面目，就是我們的真心，只因妄想執著太重，以致，如是的本心發揮不出來，故修學的重點，在於只要能將意識心放下，則清淨本心自然呈現。

六祖亦將四智回歸於自性之上，故其所論是：自性的清淨就是本具的大圓鏡智，而若能心地平等無有高下就是平等性智，能於一切的觀照中恆持第一念就是妙觀察智，將如是不假功成應用於眼耳鼻舌身則是成所作智。六祖特將學人帶往於自性上的精進用功，如是，實然可避免有想以佛自居的傲慢者，也可避免有想不勞而獲的貪念之人。

且觀在現今的世代裡，物質看似豐富，但精神的匱乏與心靈的脆弱，又實然有甚於過往。於是，當在各種修學團體一一出現時，此或為可喜之事，但若不能有正確的見地與如實的引導，則亦是令人多所憂慮。

一念知非，靈光常現

「僧智常，信州貴谿人。志求見性，師曰：不見一法存無見，
大似浮雲遮日面。不知一法守空知，還如太虛生閃電。此之知
見瞥然興，錯認何曾解方便。汝當一念自知非，自己靈光常顯
現。」

本《機緣品》是藉由學人的提問，六祖所給予的正確知見，如是的
一問一答，對於當機者而言，是一種當下的破疑解惑，實然也是對後世
學人最好的開示。有一僧人名智常，年少即已出家，在參禮的過程中，
為志求見性，其所蒙得的教示是：「汝之本性，猶如虛空，了無一物可見，
是名正見。無一物可知，是名真知。無有青黃長短，但見本源清淨，覺
體圓明，即名見性成佛，亦名如來知見。」對於如是的解說，在智常僧
的心中仍存有所疑未決，故特來請求六祖教誨。

對於常人而言，一聽到「成佛」，或以為是遙不可及，或以為是癡心
妄想，當如是的定見已然存於心中，則將加深阻礙其確認「本性是佛」
的如來知見。但若是對於有心修學者而言，即或已有多年的熏修，往往
又容易陷於以無見無知為究竟處，此即同智常僧人所獲得的教示：「本性
猶如虛空，無一物可見、可知」，唯既以虛空喻本性，然虛空本包含萬物
萬相，故六祖對於「無一物可見、可知」，直指其錯誤所在：「不見一法
存無見，大似浮雲遮日面。不知一法守空知，還如太虛生閃電。」要言
之：若心中尚存有一無見無知，則亦說明心中仍有存念，如是的知見則
彷如「浮雲蔽日面、太虛生閃電」而已，此乃是錯認以「無見無知」為
是。

如世俗之人所言：「人是感情的動物」，人所本具的天性，就是一「覺性」，故並非是毫無知覺的，以是而知：所謂的成佛，絕然不可能是一無見無知者。唯凡夫與佛聖的差異所在：凡夫是以個人的喜怒情緒而待人、應事、接物，故容易造成彼此的相較、相爭，然佛聖則以本然覺性與人相處，故能同體大悲、無緣大慈，此兩者的不同，不在覺性上，而是依於情感的所執為差別界分。

凡有心修學的人，大抵容易突破對世俗的名位、財色、權勢等眷戀，唯若對於覺性在己身的知見，無法有真確的把握與悟證，一旦溺陷於無見無知，且以如是的空寂為如來境地，此則如六祖對智常僧的教示：「此之知見暼然興，錯認何曾解方便。汝當一念自知非，自己靈光常顯現。」唯有先能以無見無知為錯認，才能有機會體證有一可覺知「無見無知」的，原來那就是我的本來面目，其片刻不曾離卻我身，這就是原來真正的我，這位真人本具靈光朗朗，不時就在我的六根門頭上顯現著、放光著。唯有如是的知見，如是的體證，又能如是的行於世間，此即是所謂的「見性成佛」。

分別一切法，不起分別想

「僧志道，廣州南海人也。請益曰：諸行無常，是生滅法。生滅滅已，寂滅為樂。師曰：無上大涅槃，圓明常寂照。凡愚謂之死，外道執為斷。諸求二乘人，目以為無作。唯有過量人，通達無取捨。不起凡聖見，不作涅槃解。常應諸根用，而不起用想。分別一切法，不起分別想。」

　　對於世間的無常，只要稍有經歷的人，總是可以體會的。以是有：「不知是明天先來，還是無常先來」的感慨。同理，若對於佛學稍有接觸的人，也可以知解：世尊演法的核心，就是對一切存在的觀察，得到的結果是「三法印」，要言之，一切的存在，皆是在時、空間的變動中而無常、無我。正因為生滅的無常，故佛要大眾以能證得：「寂滅為樂」。

　　唯佛法義的難解，正在於大多數的人，是以生死為斷滅、為無常，故以追求另一寂靜涅槃的世界為究竟地。於是對於凡夫而言，人一旦斷氣，則視為死亡，生與死是不同的兩個世界：死者茫茫不知所往，生者哀泣不想獨存。於是，生則慶生，死即送殤，為人的一生，就在如是的迎生與送死之間而活動著。一旦以生與死為殊途者，則必將其區分為二，故言：「諸行無常，是生滅法。生滅滅已，寂滅為樂。」此是一般常人的看法。

　　對於如是的問題，且觀六祖所示：「無上大涅槃，圓明常寂照。凡愚謂之死，外道執為斷。諸求二乘人，目以為無作。」佛法的核心，是要學人體證「中道實相」，而所謂的中道，就是能觀一切的存在，皆是「即有即無、非有非無」，故生死與涅槃是一非二，以是，寂靜涅槃的證得，是依於對生死的突破而呈現。顯然，如六祖之論：佛性本在人人的身上，其時時刻刻是與我同在著，其總是活活潑潑地伴隨我身，以應對一切的人事物，然如是的真人，而常人卻無法或不敢體認之。當如是的真我不能被自己所承認時，於是乎，涅槃本是具有常、寂、照的本性與作用，卻被凡愚視同死亡或斷滅。

　　為糾正學人的錯誤，且觀如六祖所云：「唯有過量人，通達無取捨。不起凡聖見，不作涅槃解。常應諸根用，而不起用想。分別一切法，不起分別想。」如是之見，可相應於：「善能分別諸法相，於第一義而不動。」顯然，若能以本心為當家作主時，一切的六根相應於六塵境界時，確然

是清清楚楚、了了分明，此時，雖六根有其應對，但自我本心不動，不起分別想，要言之，只有自然的回應，而沒有分別心。如同明亮乾淨的鏡面，僅是清楚的對照事物，然對於一切事物卻不起貪戀或瞋恚之想。

由上之論，或可總言：佛法義的要旨，即是在觀得：生死與涅槃，煩惱與菩提，應用與本心，分別與不動，是一非二。

不落階級的一念與萬劫

「行思禪師，生吉州安城劉氏。問曰：當何所務，即不落階級。師曰：汝曾作什麼來？曰：聖諦亦不為。師曰：落何階級？曰：聖諦尚不為，何階級之有？師深器之。令思首眾。」

禪宗強調行住坐臥皆是禪，更論：平常心是道，又云：「是真佛只論家常」等，如是之語，其重點在使學人能以實證為主，並非徒於口舌上的議論而已。然若以歷史的發展觀之：自佛教傳入中國之後，歷經魏、晉、南北朝的發展，佛教已逐漸為當是時人所認識與接受。至隋、唐之時，如天台、華嚴等各宗派的成立，此時期可謂是佛教發展的一段黃金時光。

唯天台、華嚴向被稱為教家，在理論敷陳與實證修行為兩大主軸方面，常人多以教家是較傾重於理論的。簡言之，教家的諸位高僧大德，往往亦可謂是哲學大家。且對於常人而言，浩瀚的理論並非是一般人所可相應與契入，即或天台智者大師有關於修證的《摩訶止觀》著作，然其內容的論述，恐亦非常人所可心領神會的。

且觀六祖初見五祖忍大師時，忍師教其雜勞作務，六祖時言：「弟子

心中常生智慧，不知教作何務？」於此，禪宗的宗風或已可領略一二，其與教家的理論格調顯有不同的意趣。以是，如行思禪師的提問：「當何所務，即不落階級。」對於一般的修學者而言，往往必須依照所屬教門的修行階次，逐步漸層地契入，這是立於漸修的必然。唯如何才能不落於階級呢！此顯然，是另一層次的思維。

對於如是的提問，六祖並未直接回答其問題，而是反問：「汝曾作什麼來？」常人多有自詡當為眾生立大願、行大事，才能不虛度寶貴的一生時光。然六祖的反問，正可破除常人自以為是的我執與法執。

以下再觀行思與六祖的對話：「聖諦亦不為。師曰：落何階級？曰：聖諦尚不為，何階級之有？」此是立於第一義諦以論，當尚未起心動念之時，如如的本心，本是清淨無染、無為、無造作，既無造作，則自不落於任何的階級。至此，六祖大師的用心接引眾生，實然已昭顯明確，其要旨在於使學人能以保任本心為主，當於世間自處與處人時，能於面對一切的人事境緣的當下，了了分明地觀照，但無有個人的喜怒習染加入，則能得輕安自在，而無有高下的分別對待。

為人在處世的當下，要想達到不落階級的同體一心，這是要長時間的熏習以成，故雖言成佛須歷經三大阿僧祇劫，但若能安然自在地一日過一日，一年度一年，當再回顧時，實然百億大劫亦是短暫的。至此，對於所謂的無生無滅、無有時空間感的境地，也或許能稍有所為體悟了！顯然，唯能置心於每個當下，在如是的安然之中，一念與萬劫則是一非二。

用功於：勤修戒定慧，熄滅貪瞋癡

「懷讓禪師，金州杜氏子也。師曰：甚處來？曰：嵩山。師曰：
什麼物，恁麼來？曰：說似一物即不中。師曰：還可修證否？
曰：修證即不無，污染即不得。師曰：只此不污染，諸佛之所
護念。汝既如是，吾亦如是。」

在資訊網路如是發達的現今時代裡，人們每日覽閱來自四面八方的
訊息，可說已至精疲力歇的地步，更有甚者，手機是片刻不離身，即或
在吃飯、走路乃至睡覺時，手機亦置放於枕頭旁。當如是漸成風潮時，
多數的人們皆有資訊恐慌症，於是加入各種不同的群組，藉由社群資訊
的往還，想彰顯自己的存在感，然如是反更說明人心的不安與惶恐而已
矣！

在如是看似資訊快速的時代裡，反更顯佛法義傳播的重要性。佛法
的根本要義在使學人找回自身本具的清淨本心，唯對於真理的講演傳
播，或有持悲觀的態度，認為在資訊科技高度發達之下，佛法義如何才
能吸引得住眾生的注意力與駐足修學呢！然若能細思：人同此心，心同
此理，歷代的諸佛菩薩、高僧大德所留下的經論，其精神本是充斥於天
地之間，且真理本相應於人性的德行，故講說經義、傳播真理必得諸佛
菩薩的加持，且其所具有的力量，當是足以轉化人心、喚醒群迷的，在
如是信心之下，再加上善用科技工具，則真理當必能傳衍將來。

對於修學者而言，成佛是終極的目標。且觀禪宗的祖師們，一再地
以各種的機緣接引眾生，其根本要義是：佛就在自身上，不必外尋，其
本是天然以成，不必用功加行，要言之，只要息妄，就能顯真。亦可言：

所謂的用功夫，是指貪瞋癡慢疑的去除，實然是不須再尋找另一本真，故所謂的下功夫，就是勤於戒定慧的修學，故總言就是：「勤修戒定慧，熄滅貪瞋癡。」

如六祖接引懷讓禪師的公案，「師曰：甚處來？曰：嵩山。師曰：什麼物，恁麼來？曰：說似一物即不中。」說似一物即不中，即是在否定對於佛形象的執取，六祖要學人能認取自性佛，唯此佛才是天然本真的我，其本是天然以成，故不須再加工製造。如六祖再問：「還可修證否？曰：修證即不無，污染即不得。」此天然本心，本是吾人的真面目，是父母未生前的本我，其既是天然本真，故本無修證與否的問題，更無有染污之事，故六祖總言：「只此不污染，諸佛之所護念。汝既如是，吾亦如是。」

顯然，在修學的過程中，若是自詡用功的學人，有時往往容易另增太多的執取，自以相應之法、自得之處，而要求他人、檢驗團體，以是，修學的人本應是漸次地輕安自在，團體理當是逐步地和樂融融，然若非如是時，或許當如六祖的教示：先護此不污染的本心，恐才是更為根本之道。

有師為證的傳承系統

「永嘉玄覺禪師，溫州戴氏子。少習經論，發明心地。覺曰：生死事大，無常迅速。師曰：何不體取無生，了無速乎？曰：體即無生，了本無速。師曰：如是如是。須臾告辭。師曰：返太速乎！曰：本自非動，豈有速耶！師曰：誰知非動。曰：仁

者自生分別。師曰：善哉！少留一宿。時謂一宿覺。」

　　對於宇宙的究竟事實真相，如佛所證：其本無生無滅、無有時空間，其本是一寂靜涅槃的境地。然如是的真空之境，在自身注入第一個的因緣條件之時，也就是一念無明生起的當下，於此，或許可能有如是的疑惑：既本是寂靜之地，其無明的起因又是源於何處？如佛的回答：是「無始無明」所致，其根本之因是無法究極的，要言之，此一念無明的起動，就帶動整個宇宙的一大緣起，故曰：「宇宙緣起的當下我已在，一切萬物萬相亦皆已在。」當其後續再增加注入更多的各種因緣條件時，則成眼前所見的一切森羅萬相。

　　對於如是的宇宙緣起，佛法總歸為十二緣起：無明、行、識、名色、六入、觸、受、愛、取、有、生、老死。從無明至老死則成流轉門，這也是形成凡夫在歷劫生死流浪中而無法出離之因。於是，佛以一大事因緣降世，即是為引導眾生由老死返歸回寂靜涅槃之境，故稱之為還滅門。顯然，如何得證寂靜涅槃，則成為佛法的根本修證所在。

　　且觀六祖與永嘉玄覺禪師會晤的過程，就是禪門有名的「一宿覺」公案：「覺師曰：生死事大，無常迅速。師曰：何不體取無生，了無速乎？曰：體即無生，了本無速。師曰：如是如是。」如世俗之論：「生死事大，無常迅速」，如是之見，是立於觀森羅萬相所致，因於萬物萬相的生滅不已，故常人多有生死無常迅速之感，然唯此正是依於相論而已，於是，為能破除對生死無常的感慨，六祖則提示：若能體證無生，即無有生滅迅速之事。玄覺禪師則以「體本無生、無速」應答之，至此，顯然，玄覺禪師已體證無生之理，故得到六祖的認可。

　　凡所有的修學者，當自心已有所領悟之時，將所悟之理請求印證，此即是如禪門所稱：「威音王如來之前，可無師自悟。威音王如來之後，

需有師為證。」顯然，強調傳承系統，是一種對師道的敬重，更可避免因妄立門戶造成後人的混淆與無從依循。此於儒家亦如是，依道統觀的建立，彰顯儒家精神的永續傳承。此於各門宗族亦然如是，每隔時期必增修祖譜，以示對祖先家門傳衍發展的負責。

　　為人即或一生功高蓋世、富可敵國，然終須要飲水思源：若無有先人、親友、師長、同袍等的共襄盛舉，實然是無法成事的，此於世俗之業是如此，於修學佛聖大道之上更要如是敬誠、慎重。

惠能沒伎倆，不斷百思想

> 「有僧舉臥輪禪師偈：臥輪有伎倆，能斷百思想，對境心不起，菩提日日長。師聞之曰：此偈未明心地，若依而行之，是加繫縛。因示一偈曰：惠能沒伎倆，不斷百思想，對境心數起，菩提作麼長。」

　　對於修學佛聖之學的人而言，當在世間有所經歷應對後，通常能感受到人世間相處的不容易，於是，對於能由世間法再往出世間法而行，通常是較容易可以與之相應學習的。此即如臥輪禪師之偈：「臥輪有伎倆，能斷百思想，對境心不起，菩提日日長。」對於初修學者而言，一旦對世間有所厭離時，其所採取的方式或是遠避人群，若是減少面對，以如是的方式，自求得內心的清淨，並以如是的修學為所依循的目標。

　　然所謂佛聖之學、之行到底為何？且觀歷代佛聖的典範即可明曉，其以終身利益他人為目標，不疲不厭，雖處於世法之中，能勇於面對而又了然自在，故當六祖聞得臥輪禪師偈時，即回應：「此偈未明心地，若

依而行之，是加繫縛。因示一偈曰：惠能沒伎倆，不斷百思想，對境心數起，菩提作麼長。」顯然，真正的佛聖之學、之行，是一種活潑的應對，然於自心又能如如不動，故絕非是避世，更非是厭世乃至仇世。

對於常人而言，處於世間則應該努力行事，除要善盡職責之外，若能有一番不凡的作為，則將更受家庭、社會與國家的肯定，如是之人，也將成為人間的典範並留傳於後世。唯如是之行，依於佛法而論，則稱之為世間法。

在世間法的論說上，儒家特重五倫關係，唯一旦將五倫常道發揚光大時，則終將完成儒家由獨善其身乃至兼善天下的目標，當為人能臻至以利他為生命的功課時，此可謂就是世法的典範。然儒家除於世法多所論述之外，更有：毋意、毋必、毋固、毋我的「四毋」論說，此或亦可言：是於一切法的勿固執己見的作為。

於道家之論中：以「先天之道」觀之於天地、萬物，故有：「天地與我並生，萬物與我為一」之論，並依於「道法自然」以論述人與宇宙萬物的關係。此亦可謂是：由出世法再返歸於世法中，而逍遙自在。

在佛法義上，對於出世法可謂論述較為深刻，然其亦不廢於世法的應對與處理。顯然，各宗學派的論述傾向或有所不同，但如何由自修身，乃至利益人群，終為佛聖的共同目標。以是而知：若僅偏執行於一邊，皆非佛聖之學的究竟。如六祖的開示：唯有心地明朗的人，才能於處世之間，不須動用任何的心機與伎倆，但觀一切的順、逆境時，自心也只知如是之境而已，實然是不須操煩，也不必有過多的感慨，因為凡有所現相，必有其因緣，要言之，任何人皆有其必須完成的功課而已矣！

〈頓漸品〉南宗之頓、北宗之漸，依法入理，則歸於一，皆善巧方便之所致

因人有利鈍，則法有頓漸

「時祖師居曹溪寶林，神秀大師在荊南玉泉寺。於時兩宗盛化，
人皆稱南能北秀，故有南北二宗頓漸之分，而學者莫知宗趣。
師謂眾曰：法本一宗，人有南北。法即一種，見有遲疾。何名
頓漸？法無頓漸，人有利鈍，故名頓漸。」

在禪宗五祖弘忍大師的座下，神秀向有大師兄的威儀，其戒律與論
義皆受同門師兄弟的認可，且有未來承接祖位的厚望。唯當神秀與惠能
各提出不同的偈語時，其內涵的高下，於弘忍大師心中已了然分判。對
於神秀的「時時勤拂拭，莫使惹塵埃」，弘忍大師要門人日誦學習之；但
相比於神秀，惠能的「本來無一物，何處惹塵埃」，更受到弘忍大師的默
許，並將衣缽法脈傳予惠能，成為禪宗第六代祖師，如是的傳承完畢後，
即送惠能離開東山，並囑其未來將傳衍於南方。

依〈行由品〉中的記載，惠能離開師門後，在獵人隊中落難十五年，
唯此十五年正是惠能的修行時期。當其得遇印宗大師時，印宗先為其剃
髮，於後，印宗即拜惠能為師，如是的一段因緣示現，正足以說明：弘

法利眾雖言是各宗祖師的天職天責，但也凸顯此中所需突破的困境與承擔的毅力。亦可言：於傳承法義的過程中，若能心正自守，並得歷代祖師大德們的加持與助力。

在惠能大師尚屬於落難修行期間，依於神秀大師的威望，其早已將法義傳播於北方，兼其又受到武則天迎請至宮中，至此，其聲望名聞可謂稱冠當時。而惠能大師在印宗大師的協助下，也逐漸盛化於南方。於是，當其時的禪宗有南能北秀、南頓北漸之說，兩宗門人各為其主，有彼此分較之意。如是的互比，對於甚多學者，有茫然不知所應依循為何？然如六祖教示：「法本一宗，人有南北。法即一種，見有遲疾。何名頓漸？法無頓漸，人有利鈍，故名頓漸。」以法而論，法義目的皆是為引導學人能明悟自性，於此，法是因人而設，一切法義也只是依人治人而已，故曰：法本一宗、法即一種。

法是為治癒眾生的貪瞋癡而設，以是而知：若一切眾生無有煩惱，則不須有一切法的存在，要言之，若對於一切法有長短、高下的分別，也只是徒令增長法執而已。如六祖所示：只因學人的根器有利鈍、遲疾而已，於法實無有頓漸之別。於此得知：所謂的禪宗有南能北秀、南頓北漸之分，可以說是一種誤解。

且觀神秀與惠能兩位大師：惠能的本來無一物是立於果地以論，而神秀的時時勤拂拭是立於因地而言。唯一切的學人皆正處於因地的修行中，故當不可廢除勤拂拭的精進之道。唯當修學至圓滿成佛時，如是的至極之地，則確為本來無一物的寂靜涅槃。故禪宗的南北之分，是門人弟子之爭而已，實無關兩位大師。

人人本具的無師之智

> 「神秀之徒眾，往往譏南宗祖師，不識一字，有何所長。秀曰：
> 他得無師之智，深悟上乘，吾不如也。且吾師五祖，親傳衣法，
> 豈徒然哉！吾恨不能遠去親近，虛受國恩。汝等諸人毋滯於此，
> 可往曹溪參決。」

　　禪宗因神秀大師演法於北方，惠能大師弘傳於南方，於是，禪宗向有南北之分，對於兩宗的門人弟子，為護衛自己宗門為正脈，故有開無遮大會以定禪宗是非的歷史事件。唯不論其結果如何，對於佛法義的傳揚，法實然皆是因人而設，凡能適宜其人，即是妙法，反之，亦皆只是理論而已矣！

　　對於兩宗弟子而言，神秀的徒眾，多擅長於理論敷陳，故對於惠能大師的不識一字，多有譏嫌，更不解的是：惠能大師是因於何種緣由，才得以傳承祖位？對於弟子門人的如是看法，且觀神秀大師所言：「他得無師之智，深悟上乘，吾不如也。且吾師五祖，親傳衣法，豈徒然哉！」此中的關鍵，在於惠能大師具有「無師之智」。

　　對於一般的修學者而言，初入佛聖之門，法義的內容，是最足以引人入勝的，且佛聖之學是相應於性德，故一接觸自能引動吾人的內心深處，發起欲求勝解之心。然佛聖之學既與性德相應，故其契入的關鍵是在於由信解乃至修行實證上，此即如世尊要求學人必要「親證」，故如經云：「此事唯佛與佛才能盡知」。要言之，若無法深入修行實證，也只是徒然成為一位研究學者而已。

　　依於世尊的親證：「大地眾生皆有如來的智慧德相，但因妄想執著而

不能證得。」以是而知：人人皆本具有不須被他人所教授的德行與智慧，此即是修學佛聖之道的要旨所在，亦可言：佛聖之道，並非是以求得高深學識為務，而是在於能將本具有的德行與智慧呈顯，此即是所謂的「無師智」。

所謂的無師智，就是一種清淨本心的保任，當吾人能以清淨心相應於一切的人事物時，自能給予對方最為恰當的答案。此乃正因於自己的心鏡明淨，故自能清清楚楚地映照出萬物萬相。於六祖惠能大師所示現的不識一字之相，正是要後世之人不以學識為滿，而自以為是，此乃因於：學識往往容易引出文字障與理障，將本具有的悟性堵塞住。為人若能將一切交由上天作主安排，順境也好，逆境也罷，如是或許才有可能，將本具的無師智呈現，故修學佛聖之道，往往不在於多增加一分學識，而是在如何減少自我一分的意識。此於基督教的修學，亦有類似的行法，即是：「上帝在跟我說話」，當將一切交由上帝安排，在與他人的相處相應時，自能得應出最是如理的一切，至此，或亦可言：佛聖同一門道。神秀大師終究有其不凡之處，故其告曉門人：「吾恨不能遠去親近，虛受國恩。」並要弟子們：「毋滯於此，可往曹溪參決。」

對「住心觀淨，是病非禪」的領解

「（神秀）命門人志誠：可為吾到曹溪聽法。師曰：汝師若為示眾。對曰：常指誨大眾，住心觀淨，長坐不臥。師曰：住心觀淨，是病非禪。常坐拘身，於理何益？聽吾偈曰：生來坐不臥，死去臥不坐。一具臭骨頭，何為立功課。」

對於禪宗有南北之分，即或兩位大師彼此並未有高下的爭別，然若仔細領悟各別的法義，亦能稍見其中傾向的不同。神秀大師以「時時勤拂拭」為論，故要學人「住心觀淨，長坐不臥」，如是的修學方式，對於初學者而言，是必要的功課，學人也必然在如是的用功之中，才能真實面對自己的雜思妄想紛飛，也才能明悟所謂「置心一處」的不易，也因為如是的修學，才能將自以為是的高傲心態全然放下，真實面對自己的不足處。

唯修學方式一旦養成習慣，且又熏習日久，要想再調整之，實然又更為不易。且觀自身為例說明：於日常生活所要面對與處理之事，可謂五花八門，即或有固定的時間進行「住心觀淨」的功課，也絕然不可能長坐不起，此於一般人是不可行的，即或是以修行為主要的生活，也是不可能的。要言之，為人終將在人事與環境中生活著，唯有靜也可以，動也可以的狀態下，才可稱為是修道的生活。

對於以住心觀淨為主的修學方式，如六祖所示：「住心觀淨，是病非禪。常坐拘身，於理何益？」顯然，所謂禪，理應是一種活活潑潑的生活方式，雖言禪有「定」與「靜慮」之義，但禪更是一種在心地上用功夫的生活，故若自以為唯有「住心觀淨、常坐拘身」才是修道，則如六祖所言，此乃「是病非禪」。以是，六祖有偈言：「生來坐不臥，死去臥不坐。一具臭骨頭，何為立功課。」人的生命構成，約有兩大部分：一為身，一為心。於身的部分，終將在時、空間的遷流之中而灰飛煙滅，且其在生之時，是坐而不臥，一旦死去，則自然是臥而不坐，要言之，於身而用功，終將是一場空。

顯然，學人理應用功於心地上，若能於心地上全然自在，才能在一切的人事境緣中而得真自在。此理，或許可以明白與領解，但對於常人而言，要想在各種歷事中而能自在，實然絕非是容易之事。通常最容易

發現到的是：即或擁有滿腔的熱誠，且想付出而不求代價地利益協助他人，但若所得到的回報，是摻雜著批評與質疑時，則本來的發心也經不起一再的挫折與打擊。

唯一旦能真實地去除我執與法執時，即或在行利他之時，若能多一分隨緣，當可行之時即行，若是因緣尚不具足時，也坦然以待來時之因緣而已，若能如是，或許將有多一分的自在，而禪的生活與意境，也可淺嘗一二分。

自性本具有戒定慧三學

「吾所說法，不離自性。離體說法，名為相說，自性常迷。須知一切萬法，皆從自性起用，是真戒定慧。聽吾偈曰：心地無非自性戒，心地無癡自性慧，心地無亂自性定，不增不減自金剛，身去身來本三昧。」

佛法的重點，在於觀得所有的一切存在，其根本事實真相到底為何？若以存在的為有，則在有之前必是無。若再仔細觀得一切的存在，也因於在時、空間的遷流變化之中，一切的相狀也只能說是暫時的存在而已，如《楞嚴經》所言：「當處出生，隨處滅盡」，如是之語，更是道盡一切事物的生滅剎那，其短暫的現出幾乎可以說是不曾存在過。

然為人的一生，無法在前也落空、後也落空之中而度過一日又一日、一年又一年。因人自一出生後，即有自己所生存的環境空間，也有自己最親近與尊敬的人，而我們也總在計畫著未來，也在懷想著過去，於是，在有所連串過去、現在與未來之中，日子就顯得充實甚多。也因為能在

人群中往來與付出，於是，才能更彰顯生命的意義，與自己的存在價值，更因為存在著價值感，如是的一生才能不感空虛與徬徨。

　　然或許正因於所具有的既定觀念，於是，為人的價值與存在感，其本是為利益他人而彰顯，然卻在因於親愛而貪執，又因於遠域而對立，如是的社會狀態，若歸結其因，皆是因於對萬法存在的事實真相不能有透徹的了解所致。一切萬法其本源皆是同體為一，而所觀得的一切存在，亦皆只是一種極其短暫到幾乎無法掌握的相狀而已。如是的樣態，依理，若仔細觀得，實然是可以有所領悟的。然此中的困難處，則在於即或於理可知、可悟，唯一旦在待人、應事、接物的當下，又難以做到了然自在無礙。

　　由上所思，故為人終將不得不修學，不得不努力精進。若真能領悟萬法與我本為一體，以是而知：一切的修學根本皆在自心本性上。如六祖所示：「須知一切萬法，皆從自性起用，是真戒定慧。」要言之：若遠離自性，則所觀得的一切萬法，則全然只是一場極其短暫的之相而已。同理，對於修學者而言，必由戒定慧三無漏學入手，唯一皆不可遠離自性而然，故六祖言：「心地無非自性戒，心地無癡自性慧，心地無亂自性定，不增不減自金剛，身去身來本三昧。」顯然，唯有依於自性為入手修學，才能真實完成由相歸體。

　　若以眼前的現實生活而言，唯有努力於自己所應行之事，若能更為廣面的行持無分別的利益他人，於自身能不涉入是非恩怨之中而無法自拔，在人世間的一場互往中，不因各種境緣而興退轉之念，當化緣已盡，也只是全然自在而已，若真能如是，則可謂之真智慧者。

因空才能建立萬法

「若悟自性，亦不立菩提涅槃，亦不立解脫知見。無一法可得，
方能建立萬法。若解此意，亦名佛身，亦名菩提涅槃，亦名解
脫知見。見性之人，立亦得，不立亦得。去來自由，無滯無礙，
應用隨作，應語隨答，普見化身，不離自性。即得自在神通，
遊戲三昧，是名見性。」

對於大多數人而言，在一生的爭競過程中，總有其所想要追求的目
標，然當一個所設定的目標逐步完成時，下一個目標又自然的興起。於
是，人生就在追逐各式不同的目標中而度過一生。且隨著年歲的增長，
人們所在意的一切人事物，其內涵可謂五花八門，要言之，往往就是越
多越好，越所謂的圓滿越好。不但要能長壽，更希望得以富貴而兒孫滿
堂，能環遊世界，能享受美食，能想要一切的一切。

然當一口之氣不來時，即或有萬貫的家產也帶不走，反而是留予後
代子孫的相爭之源，想來不亦悲夫！又即或有孝子賢孫，生病是無法替
代的，死亡更是個人獨自走的，此即如世俗之言：「黃泉路上不相逢」。
然為人一旦能對如是之事，有多一層的體會，也或許人生將有不一樣的
心境。一般人只想擁有得更多，卻往往忽略由有至無的過程與結果。且
觀在眼前現實的社會中，為想使老屋能更新，於是就在政府、建商與住
戶三方的協調之下，以進行三贏的局面。然往往有人想要獅子大開口的，
以為自己所擁有的土地，未來將更翻漲幾倍，於是堅持不願妥協。為人
的困難之處，就在個人所想堅持的一點上，然若能綜觀全面，更新後其
所將帶來的各種效應，也或許將有不同的考量。

　　任何事物終將在時、空間的遷流變化中而生生滅滅，如是理念，若能深入於生活中，則事物的淘汰與更新，是一種必然的狀態，此即如六祖所示：「無一法可得，方能建立萬法。」此理確然如是，正因萬法皆空，才能有生生不息的日新又新之相。對於佛門所論述的「空」義，一般人容易錯解為一切皆無，然空是依於一切存在之相的變動無常而言為空。對於空義若得深解其趣，則所謂萬法的建立，也只是應於當是時的人事環境而然，若僅想一味地堅持己見，且又自以為勝人一籌，實然也只是自以為是，而自找苦吃而已矣！

　　人之所以活得不自在，正在於想要的太多，不但只考量自己，更預想到未來的子子孫孫們。且觀：時、空間是永遠在變動之中，自己也絕然不可能長久地住世，而一切的事物也將一再地更新又更新，若能如六祖所示：「見性之人，立亦得，不立亦得。去來自由，無滯無礙，應用隨作，應語隨答，普見化身，不離自性。即得自在神通，遊戲三昧。」此或可言就是：禪宗所想引導學人的智慧與生活。

自性不須修、不用修

> 「志誠啟師曰：如何是不立義？師曰：自性無非、無亂，念念般若觀照，常離法相，自由自在，縱橫盡得，有何可立？自性自悟，頓悟頓修，亦無漸次，所以不立一切法。諸法寂滅，有何次第？」

　　只因人是生活在差別相的世界裡，於是，也就順理成章地產生各種的分別對待。若以人道的立場而言，則畜生道、餓鬼道乃至地獄道，自

然是不如人道的殊勝，而為人者，若想不要入於三惡道中，則須努力積累廣修各種的福德與智慧。天道所具有的莊嚴與福報，是人道所無法相比的，且不同層次的天，自有其無法形容的殊勝環境。

為人若能得有佛理的熏陶，此特為人道的殊勝處。於是，在一世的為人之中，總是努力地廣施福田，在日日的精進中，逐漸地去除我慢與我執，此誠然可謂是不白來人世走一遭。如是的見地與修行，雖自有其難能的可貴處，唯對於佛法的熏修，若無法再進一層，要言之，若不能等觀全體法界生命，其本源是同為一體的，則喜天道與厭地獄的態度，也終將使自己落於差別相中。

如禪宗六祖的開示，一再地以「自悟自性」來啟示學人，即是要學人能先立於大方向上，也就是要能如實地觀照到諸法的真實面，而一切諸法的真實狀態，其本就是不生不滅，其本就是寂靜無有一法。然眼前所見的一切差別相，也只是在「體相一如」之下而生、而有；換言之，所見的差別相只是一種生滅的存在而已，然為人的煩惱，正因於差別相而生焉！

六祖的重點在：學人若能體悟自性本是無非、無亂，此正是為人的本來面目，也是一切法界的本然狀況。為人日日在與人群環境的應對之中，保持如是地本來本然，則心境自不同於常人的喜樂與厭怒，而是近於佛聖的氛圍。能如是者，則當再觀得六祖的開示：「自性自悟，頓悟頓修，亦無漸次，所以不立一切法。諸法寂滅，有何次第？」或許能多一些的悟解與頷首。

為人處於現實的環境中，各行各業各有其特殊處，也各有其不同的作用與存在價值。同理，且觀得各種千差萬別的不同物類，亦各有其生活的環境與存在意義。若以多些許的清淨心面對，此中，實然是無有其高下判別的，也確然如前人所言的：「森羅萬相許崢嶸」，此中的「許」

字，實然含有深遠的意趣。

對於萬相的存在要能平等觀照，此是佛聖的教誨，故於佛門中有「四依法」，其一就是「依法不依於人」：就是依於自性、佛性，不依於人性。若依於自性則能平等觀照而無有差別；一旦依於人性則有貪瞋癡慢疑，而如是的差別相，正是煩惱的根源。故禪宗的修學關鍵就在於不須修、不用修，只要將分別心放下，即能自在活潑地生活著。

超越「常與無常」的兩端

> 「師曰：佛性若常，更說什麼善惡諸法，乃至窮劫，無有一人發菩提心者故。故吾說無常，正是佛說真常之道也。又一切諸法若無常者，即物物皆有自性，容受生死，而真常性有不遍之處。故吾說常者，正是佛說真無常義。」

佛學有其基本法義，例如：有關佛性之說，依《涅槃經》的立論基礎，佛性是常，所謂常就是永恆不變。又例如：三法印中的「諸行無常」，觀一切現相的存在皆是無常。論常與無常，皆是佛學的根本之法。

然於今且觀惠能大師對於常與無常的開示，實然正可破解凡人多以二分法來對待常與無常的法義。如：若以佛性為永恆不變，則一切善惡之法當又從何而生？同理，若佛性是常，又為何能有無常的人得以悟得它？顯然，六祖其義在說明：法性與法界本是相融為一，唯此才是整個宇宙的一大緣起。故如六祖所示：「佛性若常，更說什麼善惡諸法，乃至窮劫，無有一人發菩提心者故。故吾說無常，正是佛說真常之道也。」以是，當凡人執取佛性為常之時，六祖則以無常為論，以此說明一切眾

生皆非是定性的，故皆是可以轉變的，皆能興發菩提心的；而如是論述佛性的無常義，正足以令一切眾生皆具有成佛的可能性，如是之教示與指導，正符合佛所論的真常之義。

對於一切法的存在現相，因於時、空間的遷流變化，於是觀得一切法皆是剎那生滅無常的，此於一般多數人皆是可以體察到的。然六祖對於一切諸法的無常義，反而論述為一切法皆是常。如六祖所示：「又一切諸法若無常者，即物物皆有自性，容受生死，而真常性有不遍之處。故吾說常者，正是佛說真無常義。」若是一切法皆是無常，則此法、彼法本不相干，每一物都有其自性來容納、接受生死；若如是者，則真常的佛性就不能普遍一切處，因為佛性達不到這些無常的地方；而這些無常的法門，則將處於真常的佛性之外。以是之故，六祖以論萬法是常，正足以說明：萬法源於同體，則森羅萬相可彼此相因相緣呈現，而如是之論，正是佛所說的無常之義。

佛所論之法，本無有定法，實然只是依法治法、依人治人而已。若世人自以為一切皆空，死亡則代表一切的結束與斷滅，對於如是之人，佛則為其論說佛性真常之義。同理，若眾生執取有一固定不變的常，對於現相界的一切，無法坦然接受其遷動與改變，無法體證無常，佛為如是之人，則開演無常之義。顯然，無論佛所開演的法義為常與無常，對於佛而言，一切皆只是方便說而已。然眾生之見地難以提升，一切皆病在於我執與法執之上。同理，六祖的開示，其目的亦在指導學人：要能深解如來的圓妙之義。

跳脫「見與不見」的兩邊

「神會問：如何是亦見亦不見。師云：吾之所見，常見自心過
愆，不見他人是非好惡，是以亦見亦不見。汝若心悟，即自見
性，依法修行。汝自迷不見自心，卻來問吾見與不見。吾見自
知，豈代汝迷。汝若自見，亦不代吾迷。何不自知自見，乃問
吾見與不見。」

對於度化眾生的方式，禪宗留下甚多的「公案」，此雖是師與徒之間
的相應默契，是旁人所無法模仿的。即使是後世的學人，想努力以領解
其中的義趣，實然也可能只是隔靴搔癢而已。此乃，因於每個眾生當下
的所執不同，禪師的破解方式也只是一種應對化除而已。因此，公案是
無法被模仿的，更無法被如法炮製的，這就是禪的活潑與智慧。

且觀神會與六祖的公案：神會問：「和尚您坐禪，有見、還是沒見？」
六祖用柺杖打神會三下，問：「我打你，痛、還是不痛？」神會回答：「我
也痛、也不痛。」六祖說：「我也見、也不見。」神會問：「怎樣是也見、
也不見？」顯然，神會是一種傲慢之心，自以為已有所悟得，故以「見、
不見」為問六祖。

六祖為破除其執兩邊的見解，故云：「吾之所見，常見自心過愆，不
見他人是非好惡，是以亦見亦不見。」如是之語，與前之所謂：「若真修
道人，不見世間過」，有異曲同工之妙。為人若真能只見己過，不見他人
之非，如是之見確然可謂是「亦見亦不見」。六祖再進一步言：「汝若心
悟，即自見性，依法修行。汝自迷不見自心，卻來問吾見與不見。」凡
真能明心見性者，其見的當下就是性，見與性本是一，依如是的清淨本

心行事，就是成佛之道，一切只當自悟自見自性，又何須自誇耀而問他人見與不見。

於是，六祖又再為神會開解：「你說也痛、也不痛，是什麼意思呢？你如果不痛，就和木石一般；如果痛，就和凡夫一般，會生起怨恨。」如是的對應，就是要神會能不落於兩邊的見解。故六祖又云：「見與不見，是兩種邊見；痛與不痛，是有生有滅。你問我見還是不見，只能說明你自己還持有邊執的見解，沒有見得自己本性，又怎敢如此來戲弄人？」神會於是禮拜，慚愧地向大師謝罪。

人生有甚多之事，是無法替代的，如生與死、如迷與悟、如執著與放下等，故六祖總言：「吾見自知，豈代汝迷。汝若自見，亦不代吾迷。」我若領悟，是無法替代你的迷誤？同理，你如果自見本性，也替代不了我的迷誤。要言之，正如佛門所一再地強調：「唯求自內證」，故修學佛聖大道，確然只須檢討自己，不須檢討他人。故六祖教示神會：「何不自知自見，乃問吾見與不見？」正可破除學人自以為是高傲與我慢心態。於是，神會再次行禮，請求大師恕罪，並從此在大師左右侍奉。

由知解趣向實證

「吾有一物，無頭無尾，無名無字，無背無面，諸人還識否？神會出曰：是諸佛之本源，神會之佛性。師曰：向汝道無名無字，汝便喚作本源佛性。汝向去有把茆蓋頭，也只成箇知解宗徒。」

修學佛法的最終目標在成佛，於是諸如：佛是什麼？如何成佛？成

佛後又當如何？等如是的問題，則成為修學過程中的疑情所在。以是，禪師為接引學人，能肯認自身本具的佛性，於是總在適當時機提起疑情，以破除學人向外尋求的迷惑。如六祖為學人開示：「吾有一物，無頭無尾，無名無字，無背無面，諸人還識否？」如是之語，就是要學人能直認取自身的佛性，佛就在自身的一呼一吸間，佛就在自身的語默動靜間，佛就在自身的行住坐臥間，所謂：「佛在性中作，莫向身外求」與「心即佛」等如是的論旨，實然已明確指出學佛的關鍵所在。

唯當六祖提出我有一無名無字之物時，神會馬上應答：「是諸佛之本源，神會之佛性。」如是的回答看似無有錯誤，也能顯現神會的敏捷，然如是的回答卻得到六祖的斥責：「向汝道無名無字，汝便喚作本源佛性。汝向去有把茆蓋頭，也只成箇知解宗徒。」六祖是要學人：能於日常生活間，能於與人對應中，明明確確保任本如如不動的佛性，此即是真我，這就是佛，並非是在知解上成為一名論義之徒。要言之，其既本無名無字，而喚其為「佛」，亦只是一種形容而已矣！故六祖以「茆蓋頭」（茆是一種植物，葉大而滑）為喻，指神會雖能說得圓滑貼切，也不過只是「知解」罷了。

佛是德行、智慧、能力、福報與相好等圓滿的象徵，故佛門一向有：成佛需歷經三大阿僧祇劫始能成之。此對於一般學人而言，可謂是一遙不可及的遠大目標。然學人可在自己所處的人事境緣中，在所能接觸的歷史典範裡，且觀前人的風骨、人格是歷歷在目的，故強調：「典型在夙昔」。當自己面對境界時，想想：前人的對應方式為何？想想：自己的當下心念是什麼？兩相對照之下，或可以為自己找出最恰當的因應之道。至此，則能得知：在修學的過程中，若能得遇善知識的引導，與可以互相勉勵提攜的同參道友，實然甚是難得與重要。

如儒家所論：「獨學而無友，則孤陋而寡聞。」即或不能得遇好的善

知識，但歷代所留下的經典與傳記，實然就是最佳的對照。故有：「風簷展書讀，古道照顏色。」當在覽閱前人的經論法語時，則前人的榜樣風範，當下就可與自己心境互為輝映，人生能至如此，實然是亦不孤單、亦不寂寞。然在資訊如是混淆、雜亂且傳播快速的時代裡，能不受染污，能堅持修學，其所當要用心著力之處，實然應更甚於前人。

如實修行以協助他人而改變世界

> 「師見諸宗難問，咸起惡心。多集座下，憫而謂曰：學道之人，
> 一切善念惡念，應當盡除。無名可名，名於自性。無二之性，
> 是名實性。於實性上建立一切教門，言下便須自見。」

大道本是圓滿，唯依於個人所體悟與所見的不同，於是，各以所宗的為是，又為求一爭勝負，故見各派別相互辯論，甚有心存惡念以企圖壓抑對方。如是的狀態，不僅在世間的企業與人事環境中常見，即或是修學佛聖大道者，亦多有如是的情形產生。

六祖見如是的情形，於是將門人集於座下，並以憐憫口吻而說：「學道的人，一切善念、惡念，都應當除去。」保任本性本心是修學的關鍵，人一旦有善惡之念，實然已是心念的起動，於此之時，不論是善或惡，全然皆是虛妄的，然修學的用功所在處亦即在此。若能在善惡一念的起動當下，即刻有所醒覺，但將善惡的一念放下，回歸本性本心，則將體現：確然一切皆本無有善與惡的分判。顯然，六祖要學人不落於善惡的爭勝中，不在本是虛妄的名義與稱號上一較高下，此不但於宗門的發展無益，更對於修學者而言，誠可謂是一大陷阱，即或能爭得一時的快意，

也僅僅然是微小之事；一旦卻離本心，難以復歸清淨實性，如是才是大事。

六祖要學人不在枝末的名稱上爭勝，而要能認取自性，故言：「無名可名，名於自性。無二之性，是名實性。於實性上建立一切教門，言下便須自見。」一切萬法皆由心生，心生則法生，心滅則法滅，學人若能以實性為根本，且在如是的基礎上建立一切的教門，而所謂的教門，實然也只是依於眾生的所須而立。要言之，亦唯有依於實性為本，才能不與各宗門有一別苗頭之舉，也才能以平等心對待一切萬法。

且觀在唐朝，可謂是佛學最為發展的階段，於此時期，不但各宗派紛紛成立，又有甚為傑出的高僧大德出現，此時的佛學誠可謂煥然多采。唯於教家與禪門多有爭論，亦有淨土的傳播等。然若能細思：教家的大開圓解，禪門的明心見性，淨土的往生極樂世界，實然皆可謂是回歸自性之意。因此，若僅在名稱上一爭高下，如是之為，亦只能視佛學為一門學術研究而已矣！

世尊其一生的示現，目的在教化眾生，其以大慈大悲之心，以行廣度眾生之舉，依於實修所形成的德行，才能真實利益他人，為人一旦具有典型風範，自然感得眾人的學習與仿效。想來：聖哲雖已遠去，然其風範卻長存人間，其人既可成就，則吾人亦當可行之。在現今的時代裡，與其將精神置於在爭論、研討上，倒不如：自己能如實修行，以協助他人，而進一步改變世界，如是的一生，誠然是可無憾。

〈護法品〉擁護佛的一乘正法、感荷師恩

依於本心的一乘之法

「神龍元年上元日，則天中宗詔云：朕請安、秀二師，宮中供
養。萬幾之暇，每究一乘。二師推讓云：南方有能禪師，密授
忍大師衣法，傳佛心印。可請彼問。」

惠能大師在得授五祖弘忍大師的衣缽法脈後，即依示導下山遠離，
並在獵人隊中十五年。於此同時，神秀大師因其論議、德誼與名望等，
皆為一時之選，更得則天皇帝的禮請入宮供養與講經弘法，由其所代表
的禪門北宗，誠可謂風光隆盛於當時。

依《六祖壇經》所述：「則天請安、秀二師，宮中供養。萬幾之暇，
每究一乘。二師推讓云：南方有能禪師，密授忍大師衣法，傳佛心印。
可請彼問。」此時，宮中除神秀大師之外，尚有嵩嶽慧安大師，於此，
亦能看出則天皇帝愛好佛學的傾向甚是明顯，故於萬幾之暇，仍有心於
探究一乘大法。然二位大師卻一再地推讓，並推薦惠能大師於則天皇帝，
稱其是：真傳於弘忍大師，可傳佛心印。

神秀大師與六祖是同門師兄弟，且神秀早已先在東山法門學習，其

所具有的威望，是當時的惠能所無法與之相提並論的。然五祖將法脈傳予惠能而非神秀，此中的關鍵，顯然並非在其人的講說與名聞等，而是在觀得其人的領悟境地。依佛意：佛唯論一乘法，無二亦無三。所謂一乘法，就是一切眾生皆本是佛，既本來就具足之，故不須向外搬遷入內，只待去除妄想執著即可。

對於一般的修學者而言，總想要追求高深妙法，於是，若是經論的義理繁複，甚且重重疊疊地反覆，自能吸引一批有心的學者，以能深入探究經義為滿足，於此，若干的經論實然具有如是的規模。然佛法之所以不同於一般的哲學，其關鍵在於佛是依實修之所得，要言之，經義是佛已親證過的。世尊一生行遊教化的過程，也只是要學人認取，本與佛同具的佛性，並依此而開演法義，故有言：「已說之法如爪上泥，所未說法如大地土。」顯然，若世尊再一次示現在此世代，則其所說法自不同於三千年前。

六祖所不同於神秀大師之處，實然關鍵亦在此，其對學人的耳提面命，就是要學人依於本心本性，唯有如此，才能建立一切萬法。若學人能多所用心，自能明悟神秀與六祖的差異處。此並非是在論說南、北兩宗的孰是孰非，而是要學人能真實體證佛所謂的一乘法。亦可言：所謂修學一乘法者，終究不在法門學派的差異上，實然就在個人的體證修行上。

學人的弊病，要約有二：一是，當在法義論說上過於執著時，反而難以建立與觀照萬法；二是，自以為自性就在己身，故不親近善友，也不願學習經論，如是反造成憍高我慢。學人若能離卻兩邊，多返照自己的清淨本心，或許能有機會淺嘗禪之味。

力行深入群眾的悲願

「今遣內侍薛簡，馳詔迎請，願請慈念，速赴上京。師上表辭
疾，願終林麓。」

當則天皇帝有心探究一乘大法時，本應由嵩嶽慧安大師與神秀大師
為對，然此時，兩位大師皆先後推讓，並提出上選之人惠能大師，於此，
對於所謂禪宗的南、北二宗的是非分判之事，實然也可藉由兩位大師的
推舉而有所確定。

在兩位大師的一致推舉之下，則天皇帝亦即刻派遣內侍薛簡，帶著
詔書前往迎請惠能大師，得盼大師快速入京。依於常理而言，若能得入
宮中開演法義，此無疑是一大殊勝難得，又能得皇家的肯定與推崇，此
對於佛法的發展可謂是助力甚大。然惠能大師卻「上表辭疾，願終林麓」，
表面是以因年紀大、身多不便而推辭之，實則於此，亦可得見六祖的心
意：願入於廣大的群眾之中。

此段的記錄，雖短短數言的描述，然其中所蘊含之深意是著實令人
感動。想六祖一生的示現：自小因家境貧苦而無法就學，又為負擔家計
而賣柴為生以奉養母親，完盡其在世間所應負的責任。在一段難得的因
緣之下，得以前往東山見弘忍大師，其後，又得忍大師密授衣法，於此，
將其本具的累劫智慧得以透顯，卻又緣於種種因素無法長居東山。且依
忍大師的指示，法緣將在南方，於是，先在獵人隊中避隱修行十五年，
待時機成熟，得法性寺印宗大師而得剃髮出家，正式開展其弘法利生的
工作。當一切的辛苦受盡之後，有得入宮中的機會，卻又寧可選擇與廣
大的群眾相處而度化之，故以年老體病為由而推辭。如是，除表明其終

身奉守忍大師對其弘法於南方的咐囑，更得見其不為自己求安樂，但願眾生得離苦的悲願與力行。

佛學雖具有哲理的敷陳，然佛法是世尊一生的驗證所得，也因此，當世尊將其一生所悟得之法傳予後代，其真實目的是要眾生能如法修行，若能如是，自能得證與世尊等同的境地。故雖在後代有各宗不同法義的開演，然其根本原理、宗旨，終要依於世尊的所證：「大地眾生皆有如來智慧德相，但因妄想執著而不能證得」為歸趣。要言之，佛法不在於如何與他人辯論，清淨心就是最大的辯才。

六祖大師選擇與人群相處，以瞭解民間疾苦，能深入百姓才是一種最為直接的面對，且在各式的社群當中，自有其甚為複雜的人事問題，當相待之時，如何保任一顆本然清淨的本心，確然是勝於一切的論議與口才。所謂佛的心印大法，就是如何能與佛同一心，若真實與佛同一本心，則確然如禪宗所言：「即心即佛」、「佛在性中作，莫向身外求」。為人的一生，自有其須面對的各種不同因緣，此中，若能多一些的清淨心，實然也就能自在與滿足。

如來的清淨禪坐

「師曰：道由心悟，豈在坐也。經云：若言如來若坐若臥，是行邪道。何故？無所從來，亦無所去，無生無滅，是如來清淨禪。諸法空寂，是如來清淨坐。究竟無證，豈況坐耶！」

薛簡持詔書而得面見六祖，對於薛簡而言，此乃是人生一大難得之事，於是，藉此機緣禮問六祖：「多數的禪師主張：若要領會佛道，必須

坐禪，修習定功，若不經由禪定，卻想得到解脫，是不可能之事。」對於如是的問題，且觀六祖的回答，顯然，是立於「性本大定」而立論，故言：「道由心悟，豈在坐也。」並引用經言：「若言如來若坐若臥，是行邪道。何故？」以反問薛簡。此乃如《金剛經》所云：「若以色見我，以音聲求我，是人行邪道，不能見如來。」色相、音聲等，可以總言就是物質的呈現，此皆是緣起緣滅而剎那變動的。同理，若想以坐相、臥相得見如來，此無疑亦是以幻為實。

　　六祖特以反問的方式，來說明：如來是一種清淨法身，是一切生命的本源，是我的本來面目，以是，若想以修習定功得以解脫而成佛道，實然也只是在一場暫時的相中妄求而已。至此，且觀六祖對於所謂坐禪的說明：「無所從來，亦無所去，無生無滅，是如來清淨禪。諸法空寂，是如來清淨坐。究竟無證，豈況坐耶！」唯有體證無生無滅、諸法本空寂，即是如來真正的坐禪。所謂「究竟無證」，正是以自性本是清淨、本是具足一切而論，「無證」則意指其本圓滿具足，是無須再多加用功力行之。要言之，所謂解脫成佛，並非是以坐與不坐，作為標準而論斷之。

　　然如禪宗發展至明末之時，有「狂禪」之病，顯然，禪是立於大方向為指導宗旨，學人在如是的大方向上而修習，才能確然貼近於佛的本懷。然若體證不足者，或自以為是者，則自以為我就是佛，於是，經論不須研習之，善友亦不須親近之，以懶散為自在，以任意為隨緣，又以常日間的吃喝拉撒睡就是在修道，如是的如是，則其所產生的弊病亦可知矣！實然，禪宗的修學是「頓悟漸修」，頓悟就是立於本心本自具足，而漸修就是將此本心保任之，此「頓悟漸修」是一非二，絕然不可二分。故其是不同於漸修之後的頓悟，更不是自以為：我本頓悟成佛。

　　對於現今之人而言，有心要想靜坐，實然不是一件容易之事。尤其在資訊往來如是密集繁複的時代裡。多數之人皆有資訊恐慌症，害怕漏

失任何的一條新聞事件,更擔憂自己被孤立於外,於是,努力加入各式不同的社群,在彼此互往之間以求得自己的存在感,此是,今人的生活樣貌,或也是另一種的無奈。於是,若能得閒靜坐一下,暫離資訊網路,清淨一下思慮,實然是一種不可多得的心靈享受。

一燈燃百千燈

「薛簡曰:弟子回京,主上必問。願師慈悲,指示心要,傳奏兩宮,及京城學者。譬如一燈,燃百千燈,冥者皆明,明明無盡。」

薛簡既奉旨來禮請六祖,即或六祖因年老多病而推辭,然於薛簡而言,必將其與六祖會面的過程、談話內容,一一上奏皇帝。於是,薛簡特利用此次難得的機遇,期望六祖慈悲指示修學的心法要領,除傳奏兩宮之外,更可轉達給京城的學道之人。如是的用意,則如同將一盞燈照亮百千燈,黑暗全被照亮,光明永無窮盡。

在人的一生過程中,除生物本能生存的需求之外,人是無法不與廣大群眾相接觸,且隨著年齡、求學、工作等,所要面對的難題可謂繁複多變。細觀眼前的生活,表面看似:一日又一日、一年又一年,如是彷彿重重複複地存在著,卻又無有一時片刻是全然的相同。有時是來自環境所造成的難題,有時是自我身體的狀況,而更多的是與人互動中的煩惱。此中,來自於人與人之間的關係,可說是最為令人難解與困擾。

唯此中可貴的,就是前人可以將經驗傳承後代,且在幾千年歷史積累之下,得出其遵循之道,如是確而不易的正道、正法,是已歷經幾千

年的檢驗，如是的智慧精華所在，足堪提供後人的生活、生命、生存的表率。雖言，每一時期必有其所要面對的問題，但即或問題的內涵不同，但所須要採取的原理，則有其一定的規律，故聖人有「不易」與「變易」之說。各宗學派的歷代祖師大德們，無不是將其所修學的心得，想方設法地積極傳承於後人，即或各有其傳承的不同內涵意趣，但無非就是希望能為後代指出一條更幸福自在的大道，此是所有佛聖菩薩的本懷。故凡能開演正道、正法者，乃至能積極傳承者，皆是令人敬佩的。

每個孩子一出生，皆可謂是一張白紙，除物質的養育之外，其他的環境教育、家庭教育乃至社會教育等，無不是在這張白紙上圖以色彩，於是，所謂的「近朱則赤、近墨則黑」，就在年歲的積累之下，則越發地明顯。尤其對於有心修學的人而言，所初接觸的法門，是最為關鍵的，正所謂的先入為主。且為人總在初發心之時，是最為殷切與精進，然一旦時隔日久，若不能持續地提升見地，往往或有興發退轉之念，更或有中途放棄者。

佛聖大法是已歷經千年而不衰，此中必有其不易的原理內涵，學人若能在此基礎上用心力行，即或所面對的人生乃至修學上的種種困境，一皆可在如是的根本上而化解與安然穩定。然於今的危難所在，實然不在佛聖之道上，而是在學人無法先立足在此根基上，又加上資訊的混淆與雜亂，於是，如何將佛聖之光廣為傳照，則更顯得是當務之急。

明與暗是相待立名

「師云：道無明暗，明暗是代謝之義。明明無盡，亦是有盡，

相待立名。故《淨名經》云：法無有比，無相待故。簡曰：明喻智慧，暗喻煩惱，修道之人，倘不以智慧照破煩惱，無始生死，憑何出離。師曰：煩惱即菩提，無二無別。若以智慧照破煩惱者，此是二乘見解，羊鹿等機。上智大根，悉不如是。」

在世俗中常有一譬喻：進入黑暗的房間，只要打開電燈即可得到光明。如是之義，主要是在說明：為人不應溺陷於負面的情緒裡，只要提起正向正念，煩惱自能遠退。如是的修學方式，對於一般常人而言，是最容易瞭解，也是較容易在生活上實證以得。此亦如《心經》所言：「行深般若波羅蜜多時，照見五蘊皆空，度一切苦厄。」以智慧觀照：凡一切的存在皆是緣起緣滅，自能放下我執與法執，得以遠離一切的無明煩惱。以智慧破除煩惱，實然是度化眾生的方式之一。

唯六祖特以「明與暗」為薛簡開示：「道無明暗，明暗是代謝之義。明明無盡，亦是有盡，相待立名。」細思六祖之義：一旦有所界分明與暗，則代表如是的明與暗，只是一種相對的互相代換而已；若以明與暗而論：「光明永無窮盡」，則如是的光明自有其窮盡之時。故六祖又引《淨名經》云：「法無有比，無相待故。」佛法是無可比擬的，是因為絕對而沒有對待的緣故。顯然，六祖的立論，是立於本性是一為論，以破除凡夫將無明與智慧視為二分。

薛簡聽聞至此，實然無法明白六祖之意，故再提問：「明喻智慧，暗喻煩惱，修道之人，倘不以智慧照破煩惱，無始生死，憑何出離。」薛簡的陳述，無疑就是一般修學者所須用功之處，正因於要依於智慧以破除煩惱，故無始劫來，將永遠是在以智慧破煩惱之中而輪迴不已，顯然，六祖的真實用意，至此，學人理應有更多一些的悟處。

六祖為破除薛簡的疑惑，於是，更進一步而言：「煩惱即菩提，無二

無別。若以智慧照破煩惱者，此是二乘見解，羊鹿等機。」煩惱與菩提，對於一般常人而言是有所區別的，且依於如是二分法的見解，故須以智慧照破煩惱，然如是的見解，也僅只是二乘者的根機。依於如是的見解，對於修學者而言，會有想遠避煩惱之地，以求另一清淨的自得之處，然正如六祖所教誨，當以智慧與煩惱為二分時，如是的智慧也僅得片刻的暫時而已。

故六祖特為薛簡而言：「上智大根，悉不如是。」真正的上智大根之人，是不會將智慧與煩惱視為二分，要言之，明與暗不是代謝的二分法。一切法唯有立於本性是一，才能真正破除二分法的對立，唯有依於本具的實性，以觀一切存在之相，自能於煩惱中而得清淨。

在聖不增、在凡不減

「薛簡曰：如何是大乘見解？師曰：明與無明，凡夫見二。智者了達，其性無二。無二之性，即是實性。實性者，處凡愚而不減，在賢聖而不增。住煩惱而不亂，居禪定而不寂。不斷不常，不來不去，不在中間，及其內外。不生不滅，性相如如。常住不遷，名之曰道。」

對於煩惱與菩提的關係，若是以智慧而照破煩惱，如是的見解，則六祖以為並非是上智大根之人，至此，薛簡再問：「如何才是大乘見解？」依六祖的教示：「明與無明，凡夫認為是二，智者通曉它們的本性是一，而不是二。這是一無二的本性，就是實性。實性，在凡夫愚人之中也不減少，在賢人聖人之中也不增多，住於煩惱之中也不亂，居於禪定之中

也不寂。不斷滅也不恆常，不來也不去，不在中間也不在內外，不生也不滅，性和相都自如其本來面目，永遠如此而不改變，稱之為道。」

對於現實的人生而言，凡眼前所見的都是差別相，一般人也自然習慣在各種差別相之中，而一分高下。也可以說：整過人生都是在為差別相而努力與競爭。例如：在財富方面，有富豪排行榜，有生活在貧窮線以下者，此兩者的差距，可謂天淵之別。於是，富有者，總想盡辦法要維持或增益其財富；貧窮者，則一心一意以能脫離貧窮為要。除此，社會上，還舉辦各式各樣的比賽，更強調競爭才能帶來進步，於是，所產生的差別相也只能越發增多，顯然，在眼前的現實生活中，多數之人皆是依於差別相而評比高下，然也因於差別相，故煩惱由是而生。

唯佛聖的大道，其最終極的目標，是要引領學人們趣向離苦得樂；而其入手的方法，就是要學人能觀得一切相的源頭為何？要言之，凡所有的相，一皆是在時、空間中而變化無窮，故任何的存在，亦皆只是暫時的現相而已。一切相的根本源頭就是實性、真性，此中，性與相是無法二分的，一切相皆是依於實性而存在。顯然，修學的關鍵處在此，依於相則生一切煩惱，觀得實性則無有分別。此真性就是每個人的本來面目，如何認取？則成關鍵中的關鍵。

如六祖所言，此真性是「在凡不減，在聖不增」，如是的真實本性，日日與我片刻不離，時時隨我行住坐臥。若已體認至此，則將在生活上再求驗證，如：在生活中碰到他人無理取鬧時，於事僅止於處理之，然於自心中是可以少煩少惱的；即或有些微的起心動念，亦多能在關鍵處即止念之，不隨無明習氣再與他人結怨，唯有如此，才能真正徹底解決問題；否則，一旦自伏不住情緒，再增怨仇，那冤冤相報又何時能了？一般人通常只想快速地解決眼前的問題，而佛聖則教導要從實際理域上根本體證。

本不生也不滅的本來面目

> 「簡曰：師說不生不滅，何異外道？師曰：外道所說不生不滅
> 者，將滅止生，以生顯滅，滅猶不滅，生說不生。我說不生不
> 滅者，本自無生，今亦不滅，所以不同外道。」

當六祖為薛簡說明性相一如、不生不滅即是吾人的本來面目時，至
此，薛簡再次提問：大師所說的不生不滅，與外道有何區別？簡要言之，
所謂不生不滅的真義到底為何？如六祖的開示：「外道所說的不生不滅，
為的是消滅生，讓生停止；如是，以生去顯出滅，則滅還是不滅，生也
只是說它不生而已。我所說的不生不滅，是本來就沒有生，現在也不滅，
所以和外道不同。」

佛法自傳入中土之後，對於中土人士而言，其最難理解的部分就是
文字用法上的差異。印度與中土各有其慣用的語詞，即或是經過翻譯之
後，如何恰如其份的理解其中深義，正考驗著傳播者的智慧，與接受者
的福德因緣。如：不生不滅之義，若以生與滅為對立之面，則如是的生
與滅，也只是各以一方的顯，而呈現另一方的隱而已。如是的不生不滅，
並非六祖所要學人認取的本來面目。

當佛法在歷經幾千多年的傳播之後，對於佛法的根本要義，學人若
能多所用心，理應能更契近於佛之本懷。如六祖所論的不生不滅，是依
於一切心念未起之前的本來面目以論，既心念未起，則自無有現前的一
切存在，故所謂的不生不滅，此中的生與滅，並非是對立而成，而是其
本然的狀態：就是無生無滅。若以性與相而論，則可以用另一語詞就是：
性相一如、體相一如，又或謂是：時空統一。所謂一如，就是意指其是

一體而不可二分。

六祖一再地要學人認取此本無生無滅的本來面目,唯此清淨本心,越能保任之,才越能在現實的生活中,得以輕鬆又自在,於所見、所聞與所接觸之當下,將更具有智慧觀照的能力,於自身的既定成見越少,才越能將人事物處理得圓滿完善。即或是面對任何的橫逆,亦能在本心的保任之下而安然面對,顯然,清淨本心的保任,並非是毫無回應,而是歷歷分明以對,於己又能清淨無所礙。因此,即或是指導他人,甚或是斥責他人,亦能令對方受用而得益。然如是之行,一般人是不能學習模仿的,尤其是面對現今之人,在人人皆是自我意識高張之下,唯一可行的僅能是暗喻而已,若對方仍自以為是,則學人只能更要求自己確然如法修行、以身作則而已。唯有在對方自然、自願地改變之下,才能稍見些微的成效,此正所謂面對末法剛強的眾生,則自身的定力與願行將更顯關鍵。即或懷抱著真誠、慈悲之心,想付出無所求地協助他人,然在一切的過程之中,保有清淨智慧的觀照仍屬第一。

湛然常寂的本心妙用無盡

「師曰:汝若欲知心要,但一切善惡,都莫思量。自然得入清淨心體,湛然常寂,妙用恆沙。」

對於宣揚佛聖之學的人而言,其根本目的就是要學人能直認取心性而已,依此本性而行就是佛聖。然宣揚者即或是費盡一生的傳播,其所收到的成效,且觀眼前的現實社會,或已可知曉一二。顯然,對於一般的修學者而言,往往最簡單的就是最難的。吾人皆本具足與佛聖如同的

本心本性，此本性就在吾人身上，且片刻不離的伴隨著我，然吾人卻無法直認取之，反而，因於外境所產生的一切喜怒、貪瞋等情緒，卻視之為這就是我，於是，多有相關類似的語詞，如：這就是我的個性，這就是我的脾氣，這就是我的原則等，如是之語一旦成為理所當然，一旦習以為常，且亦獲得旁人的認同時，於是，我也就更變本加厲地，隨著如是的喜怒、貪瞋的習氣而生活著，而自以為是著，至此，所謂本心本性的本來面目，到底是什麼？也只能嘆其將漸行漸遠。

如六祖所示：「汝若欲知心要，但一切善惡，都莫思量。自然得入清淨心體，湛然常寂，妙用恆沙。」此湛然常寂的清淨心體，就是吾人的本來面目，依此清淨本心而行事，就是究竟成佛道。或許，對於一般學人而言，如是的文字與理念或許不難瞭解，但究竟如何才能得令一切善惡都莫思量呢？也可以說：立於本性而行事，到底應由何處入手？所謂湛然本性，這是一切生命的本源，要言之，我與一切眾生根本是一體。若能協助一切他人，就等同協助自己；原諒別人也就是等同原諒自己。若能將此同為一體，以持於日常生活上，自然能做出付出但不求代價，如是的無心、無為、無我，就是立於本性的生活，而這也就是佛聖所過的生活。

行文至此，或許對於一般人而言：仍會認為這是遙不可及之事。然吾人的意志方向將是最為關鍵的，實然是可先由根本的人倫開始行之，例如：孝順父母、友愛兄弟、尊敬師長，如是之人，是與我關係最為親近之人，能孝事之、善待之、感恩之，當如是的根本人倫關係行持自然自在時，自可能再更進一步涉及於關係較遠之人。且觀歷代佛聖的典範，顯然，不是做不到，而是見地與定力的關係。

在薛簡要回返宮中之前，特請示六祖對於修學的心要為何？如六祖之言，其關鍵就在保任此一本性而已。人生的困難處，就在如何在萬端

雜事中，多保有一些感恩心、多增加一些同理心，當或許能如是地做到
之時，終將發現實然是如世俗之言的：天下本無事，庸人自擾之而已矣！
對於一位真正的實證者而言，其自在的心靈是無法與他人分享的，而其
言論是否能得他人的認可，更將不放心上。

但為天下而真修實行

「薛簡蒙指教，豁然大悟。禮辭歸闕，表奏師語。其年九月三
日，有詔獎諭師曰：師辭老疾，為朕修道，國之福田。」

當薛簡蒙得六祖所授予的心法要領，就是：於日常生活中，保任一
清淨心體，即可妙用無窮。對於如是之言，多數人大抵無法真實領會，
或多以為這只是一個理論而已，或更認為這是根本無法做到的。一旦有
如是的心態，就更足以說明：原來這就是眾生的知見。

學人或許可以試著體證看看：當自己在毫不動念的狀態之下，當下
的心是清淨而無染無執，此時的自己，心思可與宇宙虛空同為一體，且
毫無有任何的罣礙。然當面對一境界之時，或有喜悅、或有瞋恨，而此
時的心思，也就被限制在當其時的喜與怒之下，於是，我們將發現自己
的心思，也就如是被拘住於某些情緒的界限之內，此時的自己，是確然
無法融入於無礙無拘的虛空之中。

為人一旦習慣生活於各種情緒之中，時日一久，自然也就成為習慣，
於是，我們以忙碌為常行，以無限地發洩自己的情緒為本該如此，更喜
歡與自己習氣相同之人為友，也因此，各種不同性質的社群紛然產生，
此誠然不足為奇。當我們生活在以情緒為表現的環境日久之時，對於所

謂清淨本心的妙用無窮，此確然是非一般人所能體證的。

　　然同理之，若有更多的修學者，能以清淨本心為日常的修學之道，努力精進於此，當其所保任的清淨本心，是越長、越廣與越深之時，其帶給天下的清淨與平安，這也是常人所無法體會證到的，但凡有心修學者，自能明悟其中的根本真理要義，於是，他們真心誠意地，清淨自在地為天下人修道。

　　當薛簡得到六祖的指導之後，就拜辭回京，並將六祖的話上奏皇帝。這年九月三日，有詔獎喻大師：「師辭老疾，為朕修道，國之福田。」表面看起來，六祖是以年老多病推辭而未入宮，但因其以純淨心修道，則其所能福蔭的範圍唯諸佛能知。故所謂「為朕修道」是「國之福田」，如是之語，是確然不虛。

　　觀六祖大師一生的言論要義，一皆是立於清淨本心為要，此是最為修學的關鍵。然如何保任清淨本心於日日時時，則確然是須要用功的；唯此處的用功，是立於自身有所心念起動的當下，要能觀照得到，並且確然放下，此即是學人用功精進的所在。若以清淨本心而言，此是天然本成的，是無須加工製造，於此，是確然無功可用。

　　若想多契近歷代諸佛，與各祖師大德們的心懷，唯有常保任清淨本心即是；若想對天下有真實利益，亦唯有以清淨心而待人、應事、接物；也唯有越能立足於清淨心之上，才更能在差別相的世界裡，自然得出最適宜的處理方式。

由感師恩而報師恩

「師若淨名，托疾毘耶，闡揚大乘，傳諸佛心，談不二法。薛
簡傳師指授如來知見，朕積善餘慶，宿種善根。值師出世，頓
悟上乘，感荷師恩，頂戴無已。」

人的一生，若得與佛聖同一世代，此誠然是可遇而不可求。同理，
若能以佛聖為榜樣而精進努力修德，則亦自能趨吉避凶，以是而知，與
其盼得他人能有佛聖的智慧與德行，不如自己真實修行，帶給一方安定
與吉祥。

當六祖以年老多病而推辭入宮，如是之舉，不但沒有引起皇家的不
悅，反稱揚六祖是在為國修道，實乃是國之福田。並將六祖喻為是維摩
居士，托疾居住於毘耶城一樣，是為弘揚大乘之教，傳授佛祖心印的不
二之法。又如云：「薛簡傳師指授如來知見，朕積善餘慶，宿種善根。值
師出世，頓悟上乘，感荷師恩，頂戴無已。」由如是的稱揚之中，除顯
現六祖的傳法心要，是直承世尊的一乘大法；於另一方面，更突顯出皇
家尊師重道的精神，能得適逢大師出世，實乃過去無量世的積累善根所
致，如是的大恩大德將永銘五內。

對於有心修學佛聖之法者而言，此中，最困難的部分，就是保有永
恆的意志與心力。尤其是初接觸者，往往是最容易受到感動，又當其人
生是遇到難以突破的瓶頸之時，或正是心思煩亂不堪的當下，佛聖的心
法確然足以洗滌吾人的憂傷與不平，也能提供內在最深層的安慰與舒
緩，於是，發心立志要修學佛聖之道，如是的初發心，最是真誠而令人
動容。

　　然，當一切漸入平常之時，當人生終有其必須面對的人事境緣，此時，往往將因自身所累積的習氣，使得原本的初發心漸次地消磨與退轉。如此，也正足以說明：習氣的扭轉與清淨本心的保任，就是修學的根本關鍵。反之，從另一角度思惟：要如何才能常保本心的不退失呢？想來：懷持感恩心與感恩行，將可使自己立足於堅毅、持續與不退。

　　為人若能常持有感恩心，如是之心，則是將對方視為重要於己，如是則自然能盡己之力以維護之。反之，為人若是持以個人主義，則其所思與所行，都是以自身的利益為主，所保護的就是自己與自己所擁有的，如是的思維與作法，就是現今全世界的災難與禍害之源。

　　為人最根本的感恩對象，就是自己的父母與師長，由如是而行之，將使自身的心量開闊，如是亦必將澤及於兄弟、親族、朋友、同事，乃至社區、國家，更甚至亦同理關懷其他的萬物萬類。想來：凡有心修學佛聖之道者，越能尊師重道，越能具有深刻的感恩心行，皆將促使自己在修學的路上，能持續精進、堅毅與正向。唯有能多思維他人對自己的恩惠與助力，不論是增上緣或逆增上緣，此中觀照的關鍵就在自己的本心上。

〈付囑品〉授以法、囑其傳持

以自性貫通一切而離卻兩邊

> 「道貫一切經法,出入即離兩邊。自性動用,共人言語,外
> 於相離相,內於空離空。若全著相,即長邪見。若全執空,
> 即長無明。執空之人有謗經,直言不用文字。既云不用文字,
> 人亦不合語言。只此語言,便是文字之相。又云直道不立文
> 字,即此不立兩字,亦是文字。」

禪宗強調一切萬法皆由自性而生,日用倫常即是道,在與人相處
的過程中,若能把握自性的妙用,則能離卻兩邊,簡言之,就是以自
性而貫通一切。例如:在與他人說話之時,若是在談論相時,則要脫
離一切相;若是在談論空時,則要脫離一切空。此乃因於若以自性而
論,則一切皆本是圓通無礙,若各執相或空,則將無法得見自性。

如六祖所示:「若全著相,即長邪見。若全執空,即長無明。」不
論是著相或執空,皆已是依於意識心而起,故如何轉識,以成智見性,
則成為修學的關鍵。六祖為使學人更能明確清楚所謂離卻兩邊之義,
故舉例而言:「執空之人有謗經,直言不用文字。既云不用文字,人亦

不合語言。只此語言，便是文字之相。又云直道不立文字，即此不立兩字，亦是文字。」此段的論說，正可破除一般人對「不立文字」的錯誤見解。

禪宗有十六字的代表宗旨：「教外別傳，不立文字，直指人心，見性成佛。」此中的不立文字，常被解讀為修學禪法者，是不須仰賴經典文字，只要見自本性即可，然此乃立於已明心見性者而言。對於一般的學人，則要謹記六祖的教誨，若是不需要文字，則人亦應當不要說話，因為不論是語言或文字皆是相，且既已言「不立」，則此「不立」兩字，其本身就是相。

六祖的論說真義：在使學人在與各方應對之時，能依照對方所論說的此面，再觀照到其所指向的另一面，唯有回歸自性的全面以觀照之，才能得見事物的真實真相。故著相之人，總自以為己所見就是真實之相，如是，則容易助長邊見乃至邪見而不自知。反之，若是執空之人，則又容易溺陷於一切法無所有，因而否定一切，如是之人，又易徒增消極與無明。

對於如何破除兩邊，依六祖的教示，實然就是依法修行而已。若僅是聽聞，卻不如實修行，如是則無法檢驗自己的身語意，一旦日久，或自以為已然高人一等，如是的孤芳自賞，也只是增長我慢、無明與邪念而已。然也有另一種人，雖對於空義稍有見解，然卻從此而百物不思，如是看似自以為是的清淨，則又極容易造成斷滅的障礙。

六祖一再地苦口婆心的勸說：唯要學人依法修行，但又要能不住相，更不要自以為建立固定一套修行辦法教人，一切實然只是：依法治法、依人治人而已，此乃六祖的用意。

二道相因的中道實相

> 「若有人問汝義：問有將無對，問無將有對。問凡以聖對，
> 問聖以凡對。二道相因，生中道義。如一問一對，餘問一依
> 此作，即不失理也。設有人問，何名為暗？答云：明是因，
> 暗是緣。明沒則暗，以明顯暗。以暗顯明，來去相因，成中
> 道義。餘問悉皆如此。汝等於後傳法，依此傳相教授，勿失
> 宗旨。」

若論佛法的根本要義與目的，無非就是要令學人明瞭宇宙人生的
事實真相，以期達到悠然自在的生活。如是的方向與目標，不但是歷
代佛聖傳法的目的，更是所有人的努力與期盼。雖言方向與目標是為
一致，但因於不同時、空間所延伸的一切人事物，此中的複雜與差異，
則難以細數之。

於是，有關如何將根本法義傳承於後代，且「勿失宗旨」，則成為
歷代祖師們的心中大事。六祖特為門人提出應答的方式，如云：「若有
人問汝義：問有將無對，問無將有對。問凡以聖對，問聖以凡對。二
道相因，生中道義。」此中，根本關鍵在保持中道義，佛門所謂的中
道，就是宇宙人生的事實真相。對於常人而言，通常因於個己的環境
所致，各有其所堅持的觀念，且各以其所肯定的，而批評他人的否定，
無論如何，每個時代與個人，也總在是與非之間而論說不已。

唯不論有與無、凡與聖，皆是彼此互為對立而有，要言之，皆是
相因而生，六祖要學人面對問題時，先看對方的論述，若是問有，則
以無對；若是問凡，則以聖對，如是的方式，正是要學人勿落於兩邊，

唯能依於中道實相義，才能真實返歸自性，亦唯有返歸自性，才能真實徹底地解決問題。此是佛法的根本要義，更是六祖演法的核心所在。

六祖再舉一例：「設有人問，何名為暗？答云：明是因，暗是緣。明沒則暗，以明顯暗。以暗顯明，來去相因，成中道義。」明與暗，自有其因緣之所成，此兩者，雖看似互為對立，然若無有明，又如何得知有暗，故看似對立的兩方，實然亦皆只是來去相因而已。

雖言，六祖的教示看似明白易懂，然學人一旦在面對人事境緣的當下，如何才能不落於無謂的爭辯中，正考驗著學人的智慧與慈悲。對於眼前多數是剛強的眾生，有時太多的論義，不如多些實際的關懷問候，唯有柔才能克剛，剛與柔本是相因而生，剛強之人，若以剛強對之，通常容易造成彼此兩方的傷害；唯有溫柔以對之，才有可能化除剛強的眾生。

唯眼前的世代，多數之人都傾向於剛硬與頑強，學人若能多具足些智慧與慈悲，則即或面對剛強難化的眾生，若能立足於：一切眾生皆本具足圓滿的自性，只要多些耐心與化導，自能領悟一切其本是一體，如是，才能真實為世界帶來安定和平。

預知時至的自在無礙

「師一日，集徒眾曰：吾至八月，欲離世間。汝等有疑，早須相問，為汝破疑，令汝迷盡。吾若去後，無人教汝。法海等聞，悉皆涕泣。唯有神會，神情不動，亦無涕泣。師云：神會小師，卻得善不善等毀譽不動，哀樂不生。汝今悲泣，

為憂阿誰？若憂吾不知去處，吾自知去處。吾若不知去處，

終不預報於汝。若知吾去處，即不合悲泣。」

　　且觀太陽升起乃至西落，花開而花謝，人也必將經歷生老病死，如是的過程，誠可謂是宇宙的定律，是自然的法則。即或是世尊已得證佛果，仍要示現涅槃；一代的大師也終有其化緣已盡之時，唯不同的是：對生死的看待與態度，此即是凡夫與佛聖的差異所在。

　　當六祖集合大眾告曰：即將離世的時間，並要學人若有所疑必要破之以得生信，勿要錯此機會。對於徒眾而言，有大師的住世與督導，不但是身心上的一種依賴，更是修學上的明燈指引，此於學人而言，是任何人事物所無法比擬的。以致，當六祖告知即將離去的訊息，對門人而言，無疑是一大打擊，故徒眾們聞言涕泣不已，此是人情的表現。

　　然對於修學佛聖大法者而言，於生與死的淡然，並不是一種冷漠或忽視，而是對於緣起與緣滅過程的了然於心，於己是如此，於他人亦然，於一切所親依然如是。故當大眾一片哀泣之時，唯有神會無有涕泣、神情不動，於是，六祖特稱許神會：「卻得善不善等毀譽不動，哀樂不生。」修學是否能有所得益，唯在面對一切善惡、順逆境緣的當下表現，是否可以如如不動，於此之時，正可觀照自己的修學功夫。

　　六祖除稱許神會之外，又進一步問門徒們：「汝今悲泣，為憂阿誰？若憂吾不知去處，吾自知去處。吾若不知去處，終不預報於汝。若知吾去處，即不合悲泣。」人生最難堪解的問題，就是死後的去處世界到底為何？要言之，生死向來被稱為是：人生大事，此事最難參透明解，亦是最難令人釋懷。然且觀歷代的祖師大德們，多有預知時至者，多有明白自身的所去處，其對生死、往來的示現就是：明明白白、清

清楚楚，無有罣礙、無有牽絆。

當六祖反問學人：是在為誰悲泣、為誰憂傷呢？唯當自知去處，才能預報大眾而知，大眾既然明白所將去處，則悲泣自不應該。顯然，當生死、往來的大事已明，則眼前的一切示現，無疑只是一段緣起緣滅的過程而已。緣起只是暫時的現相而已，故當緣滅之時，也只是回歸與虛空同體而已。當一滴水歷經挫折回歸至大海時，實然理應為其喝采才是。

在修學的過程中，學人是可以多所觀照：當清淨心尚未起動時，此心確然是與虛空同在而無有範圍，唯當一念起，則其所執與所限亦已產生，此正是用功處。

於動中而不動

「吾與汝說真假動靜偈，汝等誦取此偈，與吾意同。依此修行，不失宗旨。偈曰：一切無有真，不以見於真。若見於真者，是見盡非真。若能自有真，離假即心真。有情即解動，無情即不動。若修不動行，同無情不動。若覓真不動，動上有不動。不動是不動，無情無佛種。能善分別相，第一義不動。但作如此見，即是真如用。」

佛法看似有世法與出世法之論，但此兩者本互為一體。且先以眼前所見的世界為觀照，確然是「一切無有真」，此乃說明：不以所見為真，若自以為所見為真，則所見全然是不真。既然凡所見皆是不真，然何處才有真？答案是：唯有自心為真。若能在所見當下，即知一切

皆是假,則當處即是真。

佛法要學人觀照:有情與無情,凡是有情則會動,不動則是無情木石。唯此處的有情即動,無情即不動,六祖主要是在破除對坐禪的執著;凡自以為修持不動之行,實然就是將人視為無情木石。顯然,六祖所要論述的就是:「若覓真不動,動上有不動。」誠然所謂的不動,並非是身的不動,而是心的如如不動;是在日用倫常之間的動上而能不動。要言之,真正的不動,是存在於動中,而並非只是在坐禪中的不動而已。為將有情與無情區分,又言:「不動是不動,無情無佛種。」此乃說明:佛身即法身,是由戒定慧生,是從一切善法而生;亦以是而知:人身難得,自與無情之物不同,故無情即無有成佛的種性。

對於修學者而言,佛法不同的宗派,各有其不同的論說傾向,唯當如何才能真實融會貫通佛法的真實義,此確然不易。但如歷來各宗的祖師大德們所引領的方向,大抵先要求學人要能專一,由一即能一切,此一就是自心的不動;處世之道就是:「能善分別相,第一義不動。」為人若能越近於以真如佛性而面對一切,自能在恐懼、憂患、好樂之中而不動,此乃是真正的動上而不動、是動中的不動,六祖言之為「真如用」。

不論是真與假,或是動與靜,偏執於一方皆是邊見、斷見。佛法所論的中道,就是要學人於觀照一切存在的變動無常中,自心能了了分明、不偏執、不斷滅。如是之理,學人若能長時熏修一段時日,自能有所領悟。其後,則要在日常生活中以見自己的修學功夫。如:《壇經》所論述梁武帝與達摩的公案,達摩的「實無功德」,正是為破解梁武帝的執著偏見,唯武帝我慢、法執太深,當下錯失良機,如是的公案,實然予後世學人深刻的警戒。

人的一生,雖言有生老病死的過程,唯如是的一生,卻也是最為

寶貴而不能重複再來的。唯當以我執、我慢而相處於世,終將只能徒令自心負擔更為沉重,於此,不得不慎重!

依法修行即是傳承

> 「知大師不久住世,法海上座,再拜問曰:和尚入滅之後,衣法當付何人?師曰:吾於大梵寺說法,以至於今,鈔錄流行,目曰:《法寶壇經》,汝等守護,遞相傳授,度諸群生。但依此說,是名正法。今為汝等說法,不付其衣。蓋為汝等信根淳熟,決定無疑,堪任大事。據先祖達摩大師,付授偈意,衣不合傳。」

對於一位弘法者而言,其一生最重要的使命,無疑就是尋找適合的接續者,將其所體證的法義代代傳承下去。當六祖告知即將入滅的訊息後,對於眾弟子們而言,一方面是感到憂傷不捨,然另一方面,也或許更關心未來將帶領他們的人選問題等。

於是,法海代表所有門人而提問:「和尚入滅之後,衣法當付何人?」此中的關鍵在衣與法,傳衣是一種憑證的象徵,代表傳承之間的確信,依此信符可避免是非的爭端。然另一方面,傳衣亦容易產生各為所擁護者而彼此鬥亂紛擾,如六祖取得五祖忍大師的衣缽後,即避走落難於獵人隊中十五年,就是最為顯明的例子。

當法海提問「衣法當付何人」之時,六祖的回答,其著重點在「法」而非衣上,即可得見所謂傳承的關鍵所在。如六祖云:「吾於大梵寺說法,以至於今,鈔錄流行,目曰:《法寶壇經》,汝等守護,遞相傳授,

度諸群生。但依此說，是名正法。」所謂守護正法，除視機緣而講說法義之外，實然能感動人心、帶領群眾的關鍵，是在心行而不在演說上。要言之，唯有實證者才能真實利益他人而度化之；若只能講說卻無法做到，於己只成口頭禪，於人反造成負面影響。

至於不再傳付以衣為憑證之舉，如六祖之意：「今為汝等說法，不付其衣。蓋為汝等信根淳熟，決定無疑，堪任大事。據先祖達摩大師，付授偈意，衣不合傳。」對於傳承大事而言，向有：「內付心法、外付袈裟」之論，於法，則是以心傳心、心心相印，唯法義是否能流傳於後代，經論的集結則將攸關重要。至於，以傳衣為憑證，則凡所有相皆將在時、空間中而變動無常，且觀，當年各宗的祖庭所在之址，於今大多也只能緬懷而已矣！

對於學人而言，最是困難的部分，首先是對於所修學法門的得遇機緣，再其次，則是對所修學法門的肯定與持續，此中，皆在在考驗著學人的智慧與意志。尤其在現今資訊如是快速傳播的時代裡，任何的宣法內容，若能再配合以資訊傳媒為手法，預期能在短時間內即得廣大的傳衍，此是現今的時節機運。唯另一方面，對其所傳播的內容如何判斷之，則是學人當用心之所在。故如六祖所言，若能信根淳熟，自然能心定而無疑，如是之人，則可守護正法、堪任傳承大事，至此，以衣為證則為不合。

純一真心就是淨土

「師曰：若欲成就種智，須達一相三昧、一行三昧。若於一

切處而不住相，於彼相中不生憎愛，亦無取捨，不念利益成
壞等事，安閒恬靜，虛融澹泊，此名一相三昧。若於一切處，
行住坐臥，純一直心，不動道場，真成淨土，此名一行三昧。」

在修學佛聖的大法上，依次先由布施、持戒、忍辱、精進、禪定
等入手，其最終目的是成就最圓滿的一切種智。所謂一切種智，即是
無所不知之智，此唯有佛可證得。如六祖所示：欲成就一切種智，則
須先達成「一相三昧、一行三昧」；三昧是「正定」之義，謂之已不再
變更或退轉。

於修學之道上，大多數人皆是進進退退，在或進或退之間，更見
眾生的心性不定，且觀進退的因素大抵有二：一是源於自身的心志不
定，二是源於外緣的牽扯，要言之；就是於內把握不住自己，於外又
有境緣環境的因素，以致，如是歷劫生死流浪而難以出離，故佛稱一
切的眾生皆是可憐憫者。

於今，依六祖的教示：「若於一切處而不住相，於彼相中不生憎愛，
亦無取捨，不念利益成壞等事，安閒恬靜，虛融澹泊，此名一相三昧。」
為人最難以突破的困境之處，就是在現前的差別相中，無法安然自在。
亦可言：為人皆是在相中或痛苦、或快樂，也因於相中而貪、瞋、癡、
慢、疑。然所謂的相，一皆是依於體而存在，如《心經》所云：「色即
是空，空即是色。」色空、空色本為一如，所謂一如，就是其本是一，
無法二分。若能觀得「凡所有相」，皆是暫時的呈現而已，執之本為不
可能，更是不智。若能在相中而得安然自在，就能得入佛聖的大門。

顯然，凡欲修行者，其最大的突破點，就是在觀得經文之後，要
能下定決心力行之，唯有改變才能真得佛法的利益，否則，也只能成
為一位知解之徒而已。例如：在家中，本是一位茶來伸手之人，於今，

開始先為家人倒茶，且以歡喜心而行之，唯當如是的改變自己時，實然也就是開始將我執去除之。又例如：本是脾氣暴躁、遇事易指責他人，於今，改為耐心面對、仔細聆聽，當時日一久，終將發現本看似難以突破的習氣，其實只要下定決心則有扭轉的可能性，亦以是確然而知：是因緣而非宿命。

於是，所謂的淨土，就當如六祖所示：「若於一切處，行住坐臥，純一直心，不動道場，真成淨土，此名一行三昧。」於修行而言，如何於日常中保任純一真心，此於有心者已誠屬不易，又更遑論其他之人呢！然或許能以利益他人為入手處，或當在因緣具足之下，能帶領更多有緣之人亦力行之。當如是的利他之道，漸成風氣時，則所謂的人間淨土，是確然可示現在眼前。

隨緣好去的自在如如

「師曰：其法無二，其心亦然。其道清淨，亦無諸相。汝等慎勿觀靜，及空其心。此心本淨，無可取捨，各自努力，隨緣好去。」

對於修行方式的關鍵之處，六祖是一再地叮囑門人要能觀心本淨，若能立足於本心本淨，則凡眼前所見的一切存在，一皆只是各隨因緣而現起的暫時之相而已。要言之，一切事物終將是緣起而緣滅，此於師徒的關係亦然如是。當六祖自知化緣已將盡，其於自身的往來又了然於心，如是的瀟灑自在，如是的明明白白、清清楚楚，足堪為後世典範，然古今又有幾人能得如是！

　　當六祖對於所謂「一相三昧、一行三昧」論說完畢之後，特又再言：「其法無二，其心亦然。其道清淨，亦無諸相。」此乃依於一切眾生的本然而觀之，故當面對不同之相，而產生分別與差異，此乃是起心動念之下而然。若言佛法義的根本關鍵，其要則是「萬法唯心」：心生則法生，心滅則法滅。如是的論說，已於現今的量子力學得到明證：念力的秘密與不可思議。

　　如六祖的教示：「汝等慎勿觀靜，及空其心。此心本淨，無可取捨，各自努力，隨緣好去。」多麼令人深思的一句「隨緣好去」：人存活於世間，依於不同的時、空間，所面對一切不同的人事物，此無疑皆是因緣而現起，故唯有隨緣之，才能好去之；來時則面對處理之，去時則了然放下而已，此於事物是如此的態度，於人際往來亦當如是。若無法有如是的見地與定力，在緣起與緣滅之間或貪執、或瞋恚，不但於事無益，反徒增煩惱與痛苦，所謂的輪迴就是如此罷了！

　　吾心本清清淨淨，吾心本活活潑潑，故六祖對於「觀靜空心」的修行方式，一再地要學人莫錯用功之。學人於常日間，靜坐的修行，只能視為一種心志鍛鍊的過程，重點是在對應往來之間的隨緣好去而已。然對於一般人而言，隨緣已屬不易，好去更是困難，此乃因於大多數的人，皆是在自我堅持的理念中而生活著，要去捨我執、要放下面子，若無有見地的提升，習氣的改變恐是一生也不易完成之。

　　六祖期勉弟子「各自努力，隨緣好去」，看似瀟灑的一句話，此中卻蘊含深意：於修行上，是如人飲水，冷暖自知，又更何況是生死大事，更是任何人也無法互為替代的，故唯有各自努力罷了！為人若無法真然地放下我執與法執，則再多的經論演說，也無法確然解決自心的問題。唯如何才能行得隨緣好去，於此，或可先由布施入手，此是諸佛菩薩乃至歷代祖師大德們成就的第一步。相信並力行「布施度慳

貪」，可由去捨不用的物品開始，再漸次地去除執取心，當至難捨能捨
之時，或將可能漸近於隨緣好去的境地。

大道傳承於：有道者得，無心者通

> 「大師忽謂門人曰：吾欲歸新州，汝等速理舟楫。大眾哀留
> 甚堅。師曰：諸佛出現，猶示涅槃。有來必去，理亦常然。
> 吾此形骸，歸必有所。眾曰：師從此去，早晚可回。師曰：
> 葉落歸根，來時無口。又問曰：正法眼藏，傳付何人？師曰：
> 有道者得，無心者通。」

人生在世，不論貧富貴賤，不論窮通壽夭，總歸有其終盡之時，
以是常人多言：「人生苦短」。即或是高官富貴顯榮一世，實然亦是剎
那即過，轉眼白髮已染青絲，老態龍鍾之狀亦不覺而現焉！此看似無
可奈何，然亦是世法的必然，且觀在歷史的洪流中，多少的英雄好漢，
在詩人的筆下，也只能：「大江東去，浪淘盡，千古風流人物。」也只
能：「古今多少事，都付笑談中。」或也只能：「是非成敗轉頭空，青
山依舊在，幾度夕陽紅。」此是詩人的情懷，也可以說是：紅塵的遺
憾。

當吾人不得不多感嘆於世俗之情時，猛然再反觀佛聖之道，顯然，
其心志方向並不思溺於此，其精進努力於將短暫的無常，以證得永恆
的真理，此是佛聖的心懷與願行。故當六祖告知門人其住世因緣將盡
之時，於此實然已知：其對生死大事早已了然在心，此於門人而言，
理應為六祖高興；然人總不免於世俗之情，故在門人多所哀留之際，

六祖特為開示：「諸佛出現，猶示涅槃。有來必去，理亦常然。吾此形骸，歸必有所。」

真常之理本無來無去，因此，所謂的來與去，也只是一種暫時之相而已。人的降生必寄於父母之緣而來，既是寄緣而來，則一切的離合，也只是一場因緣際會而已，然世俗之人，就在如是的因緣來去中或喜、或悲，唯有透徹真理之人，才能證得如六祖「有來必去，理亦常然」的境地，至於形骸則是「歸必有所」，如是的確然自在，如是的毫無罣礙，於諸佛、歷代祖師是如此，於學人亦當效法之。

六祖於自己的來去，雖是如此地瀟灑自在，然門人總掛念六祖：此次返回新州後，當於何時才能再回？且觀如下的對話：「眾曰：師從此去，早晚可回。師曰：葉落歸根，來時無口。又問曰：正法眼藏，傳付何人？師曰：有道者得，無心者通。」此段要點約有三：一、人生終究要葉落歸根，此是人生的課題，或聚或散實然不必再多執念。二、人人本具清淨本心，本無法可說，更不須言語，唯若有法義的演說，只也是為對治眾生的煩惱而已。三、大道正法的傳承，凡是有道者必能有所體證，凡是清淨本心者則必可通曉。

六祖將衣缽的傳承至此放下，除可免除後人為爭衣缽而造成的傷害，也於此說明：正法本長存於天地間，凡有道者必可親證之，凡清淨本心者必可通曉之，關鍵在人，不在衣缽的取得與否。

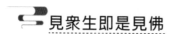

見眾生即是見佛

「師言：若識眾生，即是佛性。若不識眾生，萬劫覓佛難逢。

> 吾今教汝識自心眾生，見自心佛性。欲求見佛，但識眾生。
> 自性若悟，眾生是佛。自性若迷，佛是眾生。我心自有佛，
> 自佛是真佛。自若無佛心，何處求真佛。」

在滾滾紅塵生活中，在人生略有歷練過，為人或多少會嚐到各種樣式的酸甜苦辣，然亦唯有如是親歷，才能深刻領悟：得遇佛聖之學的寶貴。當人生不免要依於當是時的各種人事境緣因素等驅引之下，於是，大多數人也將一步步地走向世俗以為是的必然之路。於是，從出生、成長、讀書、工作、結婚、生子乃至終老等過程，能得如是的過一生，大抵也被稱為是平順的一生。

然若稍有體證者，或稍有遠見者，總感到如是看似理所當然的一生，但也彷彿缺少所謂活得淋漓盡致的那一層深意。於是，當在佛聖的引導之下，當能以佛性而綜觀一切眾生時，當能體證眾生即我、我即眾生時，顯然，如是的人生將是無限的開闊，心念所及也將是超越經驗的。當越能近於佛聖之心，當所行已然去除我執、我慢時，於人生則不再只關心自己的生老病死，生活所觸及的不再只是一人、一家、一世時，如是的每一呼吸，亦將顯得如是的不同凡響，能至如是的境地，誠可謂不白來一遭。

如六祖的教示：一切必然先由識得眾生開始，因於一切眾生皆有佛性，故：「若不識眾生，萬劫覓佛難逢。」顯然，所謂的明心見性，見性成佛，其根本關鍵就在：「若識眾生，即是佛性」，故識眾生即是見佛。再依六祖之言：「自性若悟，眾生是佛。自性若迷，佛是眾生。我心自有佛，自佛是真佛。自若無佛心，何處求真佛。」如是之語，實然是貫穿整部《六祖壇經》，六祖其以不識字而示現人間，就是要人人能直認取本具的佛性，如是的本具佛性是非關知識的，能確認直取

之即是，不須再多加工製造。

　　我既如是，一切眾生亦然如是，故六祖又言：「吾今教汝識自心眾生，見自心佛性。欲求見佛，但識眾生。」一切眾生本具佛性，既是本有，故眼前的貪瞋癡慢疑必可去除之，一旦去除之後，佛性自然流露，這就是佛。顯然，佛與眾生只是迷與悟的一念差異而已，故「佛即眾生，眾生即佛」，實然可謂是佛法的根本要義。

　　唯即或已然明悟佛在自心，不須向外求取，然如何在待人、應事、接物之間，常保一念的清淨本心，此則須待歷劫的熏修以成，故世俗有言：「師父領進門，修行在個人」。顯然，一念的偏差，有時是會令人萬劫難復的，同理，若能浪子回頭，則更是難能可貴。佛性是本然本具的，眾生之性是可調可伏的，此中的扭轉關鍵則有賴自心的精進努力。

留予後人的〈自性真佛偈〉

　　「師曰：吾今留一偈，與汝等別，名自性真佛偈。後代之人識此偈意，自見本心，自成佛道。偈曰：真如自性是真佛，邪見三毒是魔王。邪迷之時魔在舍，正見之時佛在堂。若能心中自見真，有真即是成佛因。不見自性外覓佛，起心總是大癡人。頓教法門今已留，救度世人須自修。」

　　一世的人生終有其盡頭之處，且在平均壽命的預估之下，又在自身漸感體衰氣弱之時，如是地由生成乃至消亡的歷程，是自心可以了了清楚的。既然這是人生的必然路徑，且又是人人皆無法避免的，以

是，對於多數之人而言，大抵能先預立遺囑，以使自己與親友皆能安然而了無遺憾，若能得有如是的從容道別，實然亦是人生的大幸。

唯對於一位弘法者而言，除有形的交付之外，其最關心的就是法義的傳承問題，故六祖於臨別之前，特留一偈傳予後人，名為〈自性真佛偈〉。一如六祖一生無數的論義，其重點就是要學人先能直認取自性本心，此自性本心就是自我的真佛，這也就是世尊當年在菩提樹下的證悟：「奇哉！奇哉！大地眾生皆有如來智慧德相，但因妄想執著而不能證得。」根本的關鍵就在：「若能心中自見真，有真即是成佛因。」保任如如不動的本心，就是本來自性佛；然若於此無法直認取之，則反將成為：「不見自性外覓佛，起心總是大癡人。」唯當一起心動念之際，就構造成眼前繁複不已的世界。

對於六祖而言，如何將如來的正法傳予後人，能令一切眾生但得見自性、自成佛道，於人生過程中，能轉邪見三毒為正見三慧，則是修學的根本所在，故言：「真如自性是真佛，邪見三毒是魔王。邪迷之時魔在舍，正見之時佛在堂。頓教法門今已留，救度世人須自修。」正邪皆在自心的迷悟之間而已，可以一念天堂，也可一念地獄，凡自己所造之因，必有所成之果，此是無人可以替代的，結論就是：自作自受，一切只能仰賴自己的精進努力而已。

且觀歷來的諸佛菩薩與祖師大德們，其一生的示現皆是有時有限的，唯本然的生命卻是永恆的，以是，如六祖一再地交代門人：當其滅度之後，不可像世俗之人一般地哭泣流淚，更不可隨世俗之禮而著孝服，也不接受他人的弔問，凡如是者，皆非是我的門人弟子，也不是正法。

對於常人而言，自有其當是時的風俗禮節，此乃是世俗之情。唯六祖既已明證宇宙事實真相，故要門人勿以世俗之情處理其滅度之

事，想來當為如是乎！其要門人：「但識自本心，見自本性，無動無靜，無生無滅，無去無來，無是無非，無住無往。」再觀《壇經》云：「師說偈已，端坐至三更，忽謂門人曰：吾行矣！奄然遷化。」如是地往來自在明白，古今能有幾人？謹向一代大師致上最為尊崇的敬意。

國家圖書館出版品預行編目(CIP) 資料

禪的智慧與生活：話說《六祖壇經》 / 胡順萍
　著. -- 初版. -- 臺北市：元華文創, 2020.01
　　面；　公分

　　ISBN 978-957-711-095-4 (平裝)

　　1.六祖壇經　2.禪宗　3.佛教說法

226.65　　　　　　　　　　　　　108016362

禪的智慧與生活
　　——話說《六祖壇經》

胡順萍　著

發 行 人：賴洋助
出 版 者：元華文創股份有限公司
公司地址：新竹縣竹北市台元一街 8 號 5 樓之 7
聯絡地址：100 臺北市中正區重慶南路二段 51 號 5 樓
電　　話：(02) 2351-1607
傳　　真：(02) 2351-1549
網　　址：www.eculture.com.tw
E - m a i l：service@eculture.com.tw
出版年月：2020 年 01 月 初版
定　　價：新臺幣 350 元

ISBN：978-957-711-095-4 (平裝)

總經銷：聯合發行股份有限公司
地　址：231 新北市新店區寶橋路 235 巷 6 弄 6 號 4F
電 話：(02)2917-8022　　　　　傳 真：(02)2915-6275

版權聲明：
　　本書版權為元華文創股份有限公司(以下簡稱元華文創)出版、發行。相關著作權利(含紙本及
電子版)，非經元華文創同意或授權，不得將本書部份、全部內容複印或轉製、或數位型態之轉載
複製，及任何未經元華文創同意之利用模式，違反者將依法究責。
　　本書作內容引用他人之圖片、照片、多媒體檔或文字等，係由作者提供，元華文創已提醒告知，
應依著作權法之規定向權利人取得授權。如有侵害情事，與元華文創無涉。

■本書如有缺頁或裝訂錯誤，請寄回退換；其餘售出者，恕不退貨■